GI戦記

軍土門隼夫
Gundomon Hayao

JN084809

三賢社

ブックデザイン：西　俊章

はじめに

競馬ライターの仕事をしていると、過去の名馬やレースについて書く機会は多い。ディープインパクトについて書く。ナリタブライアンの三冠を論じる。オグリキャップの有馬記念について伝え、ウオッカとダイワスカーレットの天皇賞・秋を紹介する。同じ馬やレースについて書くことも、これはもう数え切れないほどある。そのたびに、そうしたものが必要とされているんだなと実感する。

書くときは、できるだけ競馬初心者でもわかるよう心がける。競馬は好きだけど、そんな昔のレースは知らないという新しいファンも想定する。リアルタイムでは知らないが、話には聞いて知っているという人もいるだろう。当然、自分と同じ時代に見ていた人、そして僕よりずっと年季の入った競馬ファンにだって読んで面白いと思ってもらえるよう、苦心して書く。簡単ではないけれど、でもすごくやりがいのある仕事だ。

仕事の依頼があると、記憶を呼び起こし、記録や資料を読み返す。そこには過去に自分が書いたものもあるが、それは特に問題じゃない。参考になるかどうかは別として。

でも、自分がレースの直後に書いたものが出てきたときだけは、いつもドキッとしてしまう。なんだか落ち着かない気持ちになる。

同じレースの原稿なのに、それは明らかに今から書こうとしているものとは違う。まだ書いてもいないのに、はっきりとわかるのだ。絶対に違うということだけは。

たぶんそれは、何があろうと人が過去の自分に戻ることはできないという人生の真実と同じことなんだろうなと思う。うまく説明できないけど、切実にそう思う。

ここに集めたのは、そんな「レースの直後」に書いた原稿たちだ。

競馬雑誌の編集者からフリーの競馬ライターになって、記事を書き始めたのが2008年。そこから15年ほどの間に競馬月刊誌『優駿』(中央競馬ピーアール・センター)に書いたGⅠレースのレポート記事の中から、48本を選んだ。

普段、どのレースの記事を書くのかは編集者からの依頼で決まっている。このレースを書こう、と自分で決めているわけではない。もともとそういう偏りがあるのに加え、チョイスの際にもへんにバランスを取るようなことはしなかった。

だから競馬史的に重要なあの馬、あのレースが入ってないじゃないかという指摘には、そうなんです、と答えるしかない。すべてのレースを図鑑的に網羅することは最初から目指していない。でも一つひとつの記事の背後には、すべてのレースの結果が重たく存在している。そういうスタンスで書いているし、選んでいる。

というより、記事を書く段階では、そのレースが将来、競馬史的にどんな評価や位置づけを与えられるのかはわかっていなかった。そういう意味では、ここに収められた記事は、そうした評価や位置づけにリアルタイムに加担した記録なのだともいえる。

いちど書いた馬のレースは、関係者への取材の継続性などから「担当」としてまた依頼されることもある。デアリングタクトやソダシの出走レースの記事が多いのはそういう理由だ。そこにもし物語的な味わいが生まれているなら、それは編集者のおかげだ。

牝馬のレースが多いような気はするけれど、理由は自分ではわからない。もしかして得意なのかな？　今度、編集者に聞いてみよう。

記事はすべてレースのレポートだが、取材の仕方はいくつか違う方法が取られている。

競馬場でレースを見て、取材して書くというのは基本で、多くの記事はこれだ。

締切まで時間的余裕があったり、あるいは日本ダービーのように多くのページを割くレースでは、数日後に関係者のもとに取材に行き、あらためてじっくり聞いた話をもとに書いている。

テイストの違いは、読んでいただければすぐにわかるはずだ。

特に、レースというよりは勝ち馬の背景を深掘りする取材を行った記事は、かなり趣の違うものになっている。それらには「close-up」とページの頭に付して、他の記事とは扱いを変えてある。こうしたものは5本、掲載した。

その5本を除くすべての記事には、レース前の状況を簡単に整理した「ここまでのあらすじ」的な文章を書き加えている。

レースが行われた時点では当然の前提となっていたことも、何年も経った今では驚くほどすっかり忘れられていたりする。そうした事柄のうち、記事中の記述でカバーできていないものを補足する意味で加えた。

15年というのは競走馬のサイクルにおいて、活躍した馬が種牡馬や繁殖牝馬となり、その産駒が生まれてまた競馬場にやって来るのに十分な時間だ。

と、頭ではわかっているけれど、実際にアパパネのレースの記事を書いているときにそんなことに思いを馳せる余裕などなかった。まさか11年後にアパパネの娘が走るレースを取材して、その記事を書くことになるなんて、夢にも思っていなかった。

ゴールドシップとユーバーレーベンも、ジェンティルドンナとジェラルディーナもそうだ。どれも偶然、選ばれた取材対象だからこそ、よけい奇跡のように感じられる。

あとから過去のレースを振り返って並べた、たんなる情報のリストとしてではなく。過去から現在へと続いてきた、いまだ進行中の大きな物語の一部として本書を味わってもらえたならば。書き続けてきた者として、こんな嬉しいことはない。

GⅠ戦記 ◉目次

はじめに……3

2008年
日本ダービー ディープスカイ……14
スプリンターズS スリープレスナイト……20
ジャパンC スクリーンヒーロー……26
朝日杯FS セイウンワンダー……33

2009年
高松宮記念 ローレルゲレイロ……38
日本ダービー ロジユニヴァース……45
スプリンターズS ローレルゲレイロ……51
秋華賞 レッドディザイア……57

2010年
桜花賞 アパパネ……65

Ⅱ

ヴィクトリアM　ブエナビスタ……70
日本ダービー　エイシンフラッシュ……76
凱旋門賞　ワークフォース……82

2011年
ドバイWC　ヴィクトワールピサ……91
日本ダービー　オルフェーヴル……98

2012年
日本ダービー　ディープブリランテ……104
エリザベス女王杯　レインボーダリア……112
ジャパンC　ジェンティルドンナ……116

2013年
日本ダービー　キズナ……125
マイルCS　トーセンラー……133

Ⅲ

2014年
桜花賞　ハープスター……139
宝塚記念　ゴールドシップ……144
凱旋門賞　トレヴ……148
2015年
日本ダービー　ドゥラメンテ……157
2016年
桜花賞　ジュエラー……164
菊花賞　サトノダイヤモンド……168

Ⅳ

2017年
大阪杯　キタサンブラック……174
宝塚記念　サトノクラウン……182
菊花賞　キセキ……187

V

2018年

大阪杯　スワーヴリチャード……191

天皇賞・春　レインボーライン……195

日本ダービー　ワグネリアン……201

天皇賞・秋　レイデオロ……209

有馬記念　ブラストワンピース……213

2019年

日本ダービー　ロジャーバローズ……218

2020年

桜花賞　デアリングタクト……227

オークス　デアリングタクト……231

秋華賞　デアリングタクト……237

ジャパンC　アーモンドアイ……246

2021年
桜花賞　ソダシ……252
オークス　ユーバーレーベン……256
日本ダービー　シャフリヤール……261
秋華賞　アカイトリノムスメ……269
チャンピオンズC　テーオーケインズ……275
2022年
フェブラリーS　カフェファラオ……279
皐月賞　ジオグリフ……286
ヴィクトリアM　ソダシ……291
秋華賞　スタニングローズ……296
エリザベス女王杯　ジェラルディーナ……303
おわりに……309

GI戦記

2008

日本ダービー	ディープスカイ
スプリンターズS	スリープレスナイト
ジャパンC	スクリーンヒーロー
朝日杯FS	セイウンワンダー

2009

高松宮記念	ローレルゲレイロ
日本ダービー	ロジユニヴァース
スプリンターズS	ローレルゲレイロ
秋華賞	レッドディザイア

2010

桜花賞	アパパネ
ヴィクトリアM	ブエナビスタ
日本ダービー	エイシンフラッシュ
凱旋門賞	ワークフォース

2008年 日本ダービー

ディープスカイ

父：アグネスタキオン　母：アビ（Chief's Crown）

ただでさえ混戦模様だった皐月賞の勝ち馬キャプテントゥーレが骨折で戦線離脱し、ダービーは新顔たちが中心となった。皐月賞組でかろうじて人気を集めたのは、弥生賞を勝ち、本番は3着だったマイネルチャールズくらい。青葉賞を勝ってきたアドマイヤコマンドが期待されるのは当然としても、デビューから4戦すべてダートで圧勝のサクセスブロッケンが3番人気に推されるほど、状況は混沌としていた。そんな中、毎日杯、NHKマイルカップと鋭い末脚で連勝中のディープスカイが1番人気になるのはある意味、当然だった。

翌春のクラシックを狙う大物2歳馬たちにとって、「デビュー」とはほとんど「1勝目」とイコールで結ばれる言葉である。「1勝」の難しさをどれほど骨身に沁みて知っている者でも、9月の厩舎にクラシックを狙える逸材がいて、その馬のその後のプランを思い描くとき、自然と志は高く、夢は大きくなる。

しかし例外もある。たとえばディープスカイがそうだ。彼が2008年NHKマイルカップと日本ダービーを有無を言わせぬほどの強さで制するなどと、2歳9月の時点でいったい誰が想像できただろうか？　ある意味、そんなことは管理する昆貢調教師にも無理な話だった。

開業9年目の苦労人、昆調教師を一躍ダービートレーナーの座に輝かせたディープスカイは、じつは当初、同じ栗東の他の厩舎に入厩していた。２００７年８月のことで、育成牧場のヤマダステーブルから栗東へとやって来たディープスカイには、９月の阪神開催の初週でデビューするという具体的な目標も立てられていた。昆厩舎への転厩が決まったのは、そんなときだった。

転厩の理由はディープスカイ自身には直接関係あるものではなかった。もっとも、デビュー前の若駒が周辺の事情で当初の予定と違う厩舎に入ることになるのは、それほど珍しい話ではないのだが、それはともかく、昆調教師の目の前には突然、見知らぬ2歳馬が自分の管理馬として現れたというわけだった。

その昆調教師の目には、ディープスカイにはまだ弱いところがあるように映った。特に肩が悪いせいで歩様がおかしくなっているのが気になった。放牧に出して立て直すという選択肢もないわけではなかったが、結局、師はディープスカイを厩舎でケアしていくことに決める。

昆調教師には、自分の管理する馬については牧場にいる頃から何度も足を運んで観察し、その性格を把握するよう努めるべきだというポリシーがある。「性格がわからなければレースになんて出せない」というのが持論で、だからそういった牧場通いも「他の人はまずここまではやらない」と胸を張るほど徹底していた。ディープスカイを厩舎に置いておくことに決めたのも、とにかくその性格や、良い状態、悪い状態について把握する時間が必要だと考えたからだった。

新しい厩舎で、新しい調教師によって一から再調整されたディープスカイがデビューにこぎ着けたのは、転厩から約1か月後の10月8日のことだった。

京都のデビュー戦を4着に敗れたディープスカイは、未勝利戦でも2、2、2、9着と負け続けた。弱い部分をケアしながらの「我慢の調教」しかできなかったせいもあるが、それにしてもここまで勝てないのは運のなさの表れでもあった。

新馬戦で勝ったのはのちに重賞戦線で活躍するエーシンフォワード*だし、2戦目の勝ち馬ロードバリオスも次走の千両賞を連勝している。9着に大敗したレースでは内で包まれて動けない不運が大きかったが、勝ったのは評判馬マゼランで、この馬も次走ですんなり2勝目を挙げている。春の大舞台に目標を置くライバルたちは、ディープスカイの目の前で着々とプラン通りに事を運んでいた。

初勝利はじつにデビュー6戦目のことだった。藤田伸二騎手にも昆調教師にも「芯が入った」と感じさせる走りでの勝利。同時に、この頃を境に弱かった部分が良くなり始め、ようやく調教で積極的に鍛えることができるようになっていた。もう1月も終わろうとしていたが、まだ遅くはない。次走、昆調教師はディープスカイを東京の1600メートル戦に使う。わざわざ関東へ遠征したのは「この先、NHKマイルカップを使うことを考えて」のことだったという。なんという深謀遠慮、なんという愛馬の成長力への確信だろうか。

結局、このレースは出遅れから直線だけで猛然と追い込むもクビ差2着に敗れてしまう。その次走のアーリントンカップも、やはり追い込んで3着に惜敗。ダンツキッスイが絶妙のペースで逃げ切ったレースで、明らかに展開が向かなかった。

運は、相変わらずまだディープスカイの味方をしておらず、弥生賞だスプリングステークスだと騒いでいる世間は、8戦1勝の追い込み馬になどほとんど注意を向けてはいなかった。が、この頃、ディープスカイはすでに、そんなものをすべてチャラにしてしまうだけの力を蓄えていた。

それが一気に爆発したのが毎日杯だった。後方で折り合い、直線で外に出されると弾けるように伸びてアドマイヤコマンド以下を突き放したその走りは、史上稀に見る混戦が続いていた3歳戦線に、ついに大本命が現れたと思わせるものだった。だが、ディープスカイは皐月賞には向かわず、NHKマイルカップへ直行することになる。

昆調教師は、毎日杯の勝ちっぷりから、距離延長は心配していなかった。だが、抑えて行って末脚で勝負するディープスカイに中山は合わない。さらに師の中には、ローレルゲレイロを前年春のＧＩ戦線に皆勤させながら、結局一冠も獲らせてやれなかった悔恨が尾を引いていた。そこで得た教訓は、馬の負担を考えればどこか一つはパスするべきだということ。ならば皐月賞をパスし、ＮＨＫマイルカップへ行こう。そう考えたのだった。

口で言うのは簡単だが、開業9年目で初のＪＲＡ・ＧＩ勝ちが、それも相当の可能性を持って目の前にぶら下がっているのにそれを回避するのは、並大抵の意志の強さではない。だから、ディープスカイがＮＨＫマイルカップを圧勝とも言える強さで制した瞬間、昆調教師の胸にまず去来したのは「自分の判断は間違いではなかったんだ」という思いだった。

このＮＨＫマイルカップでディープスカイが見せた強さは、非の打ち所のない圧倒的なものだった。末脚を削がれる稍重馬場も出負け気味のスタートも、ハンデにすらならなかった。後方からすごい手応えで上昇すると、内から豪快に伸びてあっという間にブラックシェルを交わし、なおも軽々と突き放した。1頭だけ力が抜けていた。1秒5後方の10着には新馬戦で敗れたエーシンフォワードがいた。

そして迎えた日本ダービー。ディープスカイは、まるでそれが当然のことであるかのように1番人気に推されていた。最内枠、直前までの雨による重めの馬場、未知の距離と、不安要素はないわけではなかった。が、結局のところ、毎日杯とNHKマイルカップでディープスカイが見せた強さが「本物」であるということには異議の唱えようがない。支持は、まさにそんなファンの心理の表れだった。

毎日杯から鞍上を務める四位洋文騎手は、ディープスカイを後方に下げ、じっくりレースを進める。直線入口では、内が開かないと見るや「伸びない」と囁かれていた馬場の外めへ。伸びない？　いったいどこが？　そう問いたくなるほど、そこから一気に14頭をごぼう抜きにした末脚は次元の違うものだった。

四位騎手は前年のウオッカに続く勝利で、武豊騎手に次ぐ史上2人目のダービー連覇という快挙を達成。ディープスカイ自身も、キングカメハメハ以来2頭目となるNHKマイルカップ&日本ダービーの、いわゆる「変則二冠」達成となった。

のちにダービーを勝つ馬が初勝利までに要したレース数としては、6戦というのは史上2番目に多い。最多は半世紀以上前、1950年クモノハナの8戦だから、「近年、これほど1勝目が遠かったダービー馬はいない」と断言していい。

一方で、昆調教師の苦労人ぶりも生半可なものではない。騎手として11年、調教助手として10年、調教師として9年。30年間ほとんどスポットライトを浴びることなく、長い雌伏の時を過ごしてきたこのホースマンとディープスカイを重ね見るとき、「縁」というものの不思議さに思いを馳せないわけにはいかない。

この「苦労人」コンビがこれから歩んでいく先に、はたして何が待っているのか。その答えは、どこまでも青くて深い、秋の空の下にある。

＊この3年後の2010年秋にはＧＩマイルチャンピオンシップを制する。

2008年 スプリンターズS

スリープレスナイト

父：クロフネ　母：ホワットケイティーディド（Nureyev）

GⅠ馬は2頭出走していたが、春の高松宮記念を制したファイングレインは秋初戦のセントウルステークスで9着と大敗していたこともあり、3番人気。前年の高松宮記念の覇者スズカフェニックスもこの年は未勝利で、4番人気にとどまっていた。また2番人気のキンシャサノキセキは、のちに7、8歳で高松宮記念を連覇することとなるが、5歳のこの時点ではまだ重賞勝ちは函館スプリントステークスのみ。そうした経緯で、1番人気は重賞2連勝を含む4連勝中のスリープレスナイトとなっていた。

「もういたずらに1400メートルを使うことはしたくありません。1200メートルのスペシャリストとしての道を歩ませます」

第42回スプリンターズステークスのレース後の共同会見で、橋口弘次郎調教師はきっぱりとそう語った。とても初めてのGI挑戦とは思えないほどの圧倒的な強さで短距離チャンピオンの座に輝いたスリープレスナイトの、今後について訊かれて出てきたのが、そんな言葉だった。

戦前から、スリープレスナイトがレースの中心であることは衆目の一致するところだった。実際、ファイングレイン、スズカフェニックスという2頭のGI馬を差し置いて1番人気に推され、レースでは抜群のスタートから楽に好位を進み、直線で一瞬にして抜け出して、キンシャサノキセキ以下の追撃を完封してみせた。

鞍上が、黄斑上ぶどう膜炎という目の病気や落馬による怪我など、度重なる不運を克服して這い上がってきた上村洋行騎手だったことも、レース前から大きな注目を集める一因となっていた。上村騎手にとっては、これがデビュー17年目での悲願の初GI勝ち。馬上で流した涙、橋口調教師や同期の後藤浩輝騎手との熱い抱擁など、数々の印象的なシーンがこの勝利を彩った。さらに、カノヤザクラとの2頭出しで見事に栄冠を手にした橋口調教師がこの日ちょうど63歳の誕生日を迎えていたりと、とにかく話題にこと欠かなかったこの一戦、スリープレスナイトはそんなすべてを勝利というこれ以上ない強力な結果によってハッピーエンディングへと収斂《しゅうれん》させたのだった。「できすぎ」とも思えるほどよくできたドラマを観たあとのような心地よい興奮が一段落した頃、先の共同会見は行われた。

耳に残ったのは「いたずらに」というフレーズ、そして「スペシャリスト」という言葉だった。そこには、レース選択を誤ってサラブレッドの短い競走生活を浪費してしまうことを自戒する、大げさに言えば調教師としての強い倫理観のようなものが響いているように感じられた。

通算成績は16戦9勝だが、芝・ダートを問わず1200メートル戦に限れば10戦9勝、2着1回。他に類を見ないほどの「スペシャリスト」ぶりでこの日の主役となったスリープレスナイトの走りに、我々がある種の安心感のようなものを感じたとしたなら、それはきっとここからきているのかもしれない。そんなことを思った。

スリープレスナイトのデビュー戦は2007年1月7日、京都の芝1400メートル戦だった。もちろん、デビュー前の競走馬の得意な条件を正確に把握することなど無理な話で、ある意味ではすべてのデビュー戦は「いたずらに」選択されるとも言える。ともかくスリープレスナイトの場合、そのデビュー戦は、もしかしたら3か月後の桜花賞にギリギリ間に合うかもしれない、という期待を込めて決められた。父はフサイチリシャールなどを出しているクロフネ、母はヒシアマゾンの半姉という良血で、調教の動きも抜群とくれば、当然の期待だった。

だが、このレースを2着に惜敗し、中1週で臨んだ芝1600メートル戦の未勝利戦も3着に敗れたスリープレスナイトは、次走、ダートの1200メートル戦に出走する。

「クロフネの仔だし、ダートは得意なはずだから。とにかく早く一つ勝たせてあげたかった」(橋口調教師)というこのレースを、スリープレスナイトは10馬身差で圧勝する。

「よし、ダート短距離で行こう、と思いましたね。いや、決してダート馬だと決めつけたわけではないんです。ただ、回り道せずに出世させてやれる道筋が見えた、ということですね」

桜花賞はもう橋口調教師の頭にはなかった。スリープレスナイトは、ここから7月までの5か月間で、先の初勝利を含め5戦して4勝を積み上げていく。敗れたのは、出遅れて2着に惜敗した500万下の1戦のみ。この間に走ったのは、すべてダートの1200メートル戦だった。

そんなスリープレスナイトを次に待っていたのは、ダート1400メートル戦のオープン特別への4戦連続の出走だった。別に意識してハードルを課せられたわけではない。ただオープンクラスともなると、用意されたレースの数はぐっと減り、いきおい選択肢も少なくなってくる。たまたま続いたこの四つの1400メートル戦で、スリープレスナイトの快進撃は止まり、5、5、2、2着と足踏みをする。

「この頃は、1400が長いとは思っていませんでした。負けているとはいえ崩れているわけではないし、ダートの短いところが合っている、という大きなところでの認識は変わりませんでしたね」

そんな橋口調教師とスリープレスナイトに小さな、しかし重要な転機が訪れたのは、この次に出走した中山ダート1200メートル戦、京葉ステークスでのことだった。

この日、主戦の上村騎手は橋口厩舎の別の馬を含めて阪神に複数の乗り鞍があり、スリープレスナイトの背には、他のジョッキーが跨ることとなった。手綱を預かった横山典弘騎手は、勢いよくスリープレスナイトを2番手に先行させ、逃げるニシノコンサフォスを交わして見事に押し切ってみせた。久々の勝利を喜ぶ橋口調教師のもとに、レースを終えた人馬が戻ってくる。横山典弘騎手は、開口一番、馬上からこう言ったのだという。「この馬、芝でも走りますよ」と。

「もし夏の函館スプリントステークスあたりを使うならぜひ乗りたいとも言ってましたね。でも正直に言うと、そのときは社交辞令だと思って聞いていたんですよ。だから、そのあとの予定も栗東ステークスからプロキオンステークス、これまで通りダートの短距離を進むつもりでいました。だけど、不思議なものですね。きっと頭のどこかに、あの言葉が残っていたんですね」

5月に京都ダート1200メートルの栗東ステークスでオープン2連勝を飾ったスリープレスナイトの次の目標は、予定通り阪神ダート1400メートルの重賞プロキオンステークス。だがそのプロキオンステークスは7月で、少し間隔が開いてしまう。そのとき橋口調教師の頭に閃いたのが、先の横山騎手の言葉だったのだという。

「6月にCBC賞があるから、そこで芝を使ってみようかな、とね」

ダートで勝ち鞍を積み重ねてきたスリープレスナイトの、これが重賞初挑戦であり、そして結果的に重賞初勝利となった。もしここで橋口調教師が「スリープレスナイトはダートの短距離馬だ」という先入観に縛られていたら、スプリンターズステークスは違う馬が勝つことになっていたかもしれない。スリープレスナイトはいまだにダート路線を歩み、1200メートルでの勝利と1400メートルでの敗戦を繰り返していたかもしれない。そう考えてみると、このトライはとてつもなく大きな意味を持っていたのだと実感できる。

プロキオンステークスはもう眼中になかった。次走も芝1200メートルの北九州記念を使い、これを圧勝する頃には、橋口調教師はスプリンターズステークスへの手応えと自信とともに、ある確信に到達していた。

「この頃になってやっとわかったんですよ。この馬は芝とかダートではなく、1200メートルのスペシャリストなんだって」

スリープレスナイトはこの後、年末の香港スプリントや来年のドバイゴールデンシャヒーンを目標にするという。[*] 前者は芝の、後者はダートの、それぞれ1200メートル戦である。先の「いたずらに1400メートルを使うことはしたくない」という言葉は、そこだけ見ればチャレンジ精神を欠いた守りの姿勢ともとられかねない。だが、そのかわりに、橋口調教師は、「スペシャリスト」として可能な限りの高みを目指す道を選んだ。そしてそれは、紛れもなく「挑戦」の一つの形なのだ。

スリープレスナイトの進む先には、「未知の1200メートル」が待っている。

*香港スプリントには登録したものの、放馬による外傷で遠征は中止に。さらに年末には放牧先で蕁麻疹を発症するなどアクシデントが続き、翌春のドバイ遠征も見送ることとなってしまう。

2008年

ジャパンC

スクリーンヒーロー

父：グラスワンダー　母：ランニングヒロイン（サンデーサイレンス）

歴史的名勝負と称賛された天皇賞・秋の余韻がいまだ残るジャパンカップ。単勝3・7倍のウオッカをわずかに抑える3・4倍で1番人気に推されたのは、3歳馬ディープスカイだった。3番人気は凱旋門賞（10着）帰りのメイショウサムソン、4番人気は3歳の菊花賞馬オウケンブルースリで、5番人気は前年の有馬記念馬で秋初戦のオールカマーを快勝しているマツリダゴッホ。アルゼンチン共和国杯で重賞初制覇を飾ったばかりのスクリーンヒーローは9番人気の伏兵扱いとなっていた。

雲ひとつない快晴のもと、東京競馬場には朝から続々と観客が詰めかけていた。11月の最終日、さすがに底冷えは厳しい。だが10万人を超える大観衆の間には、そんな寒さを打ち消して余りある熱気が立ちこめていた。

それは、GIレースに特有の、というありきたりな表現では説明しきれない、何かもっと具体的な質感を持つ熱気だった。まるで古い焚き火の跡を掘り返して出てきた、赤くすぶる熾《おき》火《び》のようなその熱の源は、しかし少し考えれば誰もがすぐに思い当たるところにあった。およそ1か月前、同じ東京競馬場で繰り広げられた、あの激闘である。あの天皇賞・秋の興奮を体験した者、一人ひとりの胸の内に灯った炎が、いまだ消えず、溜まった熱の出口を求めて渦巻いているのだった。

程度の差こそあれ、誰もがどこかで期待していた。今日もまた、何か重要なものを目撃できるんじゃないだろうか。誰もがどこかで、幸福感のようなものを感じていた。あの続きがまた見られるなんて、と。

だがジャパンカップは、2センチ差のゴールの瞬間から再開された「続き」ではなかった。それはまた別の戦いなのだ。そのことを、僕たちはゲートが開いた瞬間に、ダイワスカーレットの不在という形で思い知らされることとなった。天皇賞で、自ら作り出した激流に最後まで溺れることを拒否し続けたダイワスカーレット。ジャパンカップに彼女の姿はなかった。

抜群のスタートを切ったウオッカが、先頭に立つ勢いで飛び出していった。あわてて手綱を引っ張る岩田康誠騎手。だが、ウオッカのスピードは鈍らない。おいおい、他に行く馬はいないのか？　トーセンキャプテンは？　しかし天皇賞でダイワスカーレットにただ1頭競りかけていったその馬は、出負け気味のスタートから内に潜り込み、早々と後方待機を決め込んでいた。先行策からの粘り込みが期待されていたアサクサキングスも、15番枠から無理をしてまで行く気はないとでも言いたげに、中団で他馬の出方を窺っている。

1コーナーにかかる頃、ようやく外からネヴァブションが押して上がり、ウオッカを交わして先頭に立つ。さらに大外からはジャパンカップ5年連続出走のコスモバルクがやってくるが、ネヴァブションの直後につけたところで中途半端に落ち着いてしまう。気がつくと、相変わらずり引っ張りっきりで3番手を進むウオッカのすぐ外に、やはり抑えきれない手応えでマツリダゴッホが並びかけていた。

オールカマー圧勝後、天皇賞をスキップしてここ一本に備えた前年のグランプリホースは、追い切りでも絶好のタイムを叩き出し、体調をはじめさまざまな巡り合わせが生んだ「左回り不得意」というありがたくないイメージを払拭する最大のチャンスを迎えていた。

そのマツリダゴッホもまた、隣のウオッカほどではないにしても、蛯名正義騎手が苦労してなだめながらの追走となっている。レースは、明らかなスローペースになっていた。

ダイワスカーレット以外にもう一つ、このジャパンカップに欠けているものがあった。武豊騎手の存在である。天皇賞でウオッカの手綱を取り、あの劇的な勝利の立役者となった武豊騎手は、しかしジャパンカップではメイショウサムソンに跨る予定だった。ところが1週前の京都で落馬、右腕の尺骨を骨折してレースへの騎乗自体が不可能になってしまったのだ。

急遽、立てられた代役は、かつての主戦、石橋守騎手だった。8戦、1年5か月ぶりとなるタッグ再結成。ウオッカ、ディープスカイとの、史上初となるダービー馬3頭の対決を当時の主戦で迎えることとなったのも、何か不思議な縁のようなものを感じさせた。

そのメイショウサムソンは、ウオッカとマツリダゴッホの直後、内の5番手を進んでいた。人馬の息は当然合っている。その外に並んでいたのが、スクリーンヒーローだった。

骨折による長期休養からの復帰後、走るごとに力をつけ、前走のアルゼンチン共和国杯で重賞制覇を成し遂げたこの上がり馬には、勢いや上昇度の他にもう一つ、２０００メートルを超える長距離戦を選んで走ることで注意深く養われてきた「折り合い」という武器があった。地味だが、時にスピードやスタミナといった肉体的要素を超えて重要となるこの能力が、いままさに必要とされようとしていた。

その直後、先頭から7番手あたりをオウケンブルースリが、ディープスカイはさらに後方の12番手をじっくりと追走していた。

ディープスカイ陣営の意識には、掛かり気味に早めの競馬をして最後に力尽きた天皇賞が影を落としていた。その結果、選択された後方待機策。スローペースを後方から行くリスクなど承知のうえで、それと天秤にかけてでも、折り合って愛馬の末脚を引き出すことに賭けた、それはある意味で覚悟の騎乗だった。

隊列がほとんど変わらないまま、馬群は向正面を進む。１０００メートル通過は61秒8。スタンドがどよめく。良馬場で行われたジャパンカップとしては、史上3番目に遅いものだった。

外国馬については、今年は最後まで注目度が低いままだった。出走した3頭は、みなどちらかといえばスタミナ型で、声高に日本適性を主張できる馬ではなかった。タイプ的に最も期待が大きかったアメリカのマーシュサイドが感冒で出走を取り消したことも、どこか今年のジャパンカップにおける外国馬の影の薄さを象徴している出来事といえた。

最後の直線、ほとんど先頭に並んだウオッカとマツリダゴッホが、ギリギリまで追い出しを我慢してからスパートをかけた。いくら道中の折り合いに苦労したとはいえ、さすがに比類なき2頭の末脚は、バテたコスモバルクと粘るネヴァブションを交わし、決してこの手の瞬発力勝負を得意としないメイショウサムソンをジリジリと引き離していく。

だがその外から、満を持してスクリーンヒーローが、さらに大外からは、それを上回る脚色でディープスカイが迫ってきた。オウケンブルースリも後ろから食らいつく。この集団が、叩き合うウオッカとマツリダゴッホを飲み込んだところが、今年のジャパンカップのゴールだった。先頭にいたのは、最も粘ったウオッカでも、最も末脚の鋭かったディープスカイでも、最も無駄のないコース取りをしたメイショウサムソンでもなく、最もよく折り合い、前につけつつ末脚を温存するという離れ業を演じたスクリーンヒーローだった。

天皇賞が、いわば肉体的能力の極限を争う戦いだったとすれば、ジャパンカップは反対に、精神的な能力を試される戦いだった。まるで北極から南極を一気に旅するような、競走馬の全能力を要求するこのハードなシリーズを戦い抜いたウオッカとディープスカイはこれで休養に入るが、天皇賞を経験していないスクリーンヒーロー、マツリダゴッホ、メイショウサムソンらはこの後、有馬記念へ向かう。

はたして有馬記念がどんなレースになるのか、今度はいったい何が試されることになるのかは、現段階では断言することはできない。だが一つ、確かなことは、そこにはまたダイワスカーレットが参戦してくるということだ。

スクリーンヒーローの祖母ダイナアクトレスは、1987年のジャパンカップでトウカイローマンらの日本勢が14頭立ての10~13着(外国馬が1頭競走中止)と壊滅状態の中、ただ1頭、鬼気迫る追い込みでルグロリューの3着に食い込んでいる。レースは、イギリスのムーンマッドネスが暴走し、1000メートル通過58秒8というラップが刻まれる激しいものだった。

ダイナアクトレスは、次走、有馬記念に出走し、2番人気に推されたものの、ジャパンカップとは一転、今度はスローペースに折り合いを欠き、先行して7着に沈んでいる。

まるで21年前の風景を反転させたような走りでジャパンカップを制したスクリーンヒーローが、しかし本当の意味で祖母の雪辱を果たしたと胸を張るのは、有馬記念を待ってからでも遅くはないのかもしれない*。

＊3番人気に推されたスクリーンヒーローは、2番手で直線を向く積極的な走りを見せたが、直線の伸びがあと一息で5着に終わった。

◇2008年

朝日杯FS

セイウンワンダー

父：グラスワンダー　母：セイウンクノイチ（サンデーサイレンス）

1番人気は東京スポーツ杯2歳ステークスでナカヤマフェスタのクビ差2着だった外国産馬ブレイクランアウト。2番人気が新潟2歳ステークス勝ちのセイウンワンダーだった。3番人気ミッキーパンプキンは新馬、萩ステークスと逃げ切って連勝中。他、デイリー杯2歳ステークスの1着馬シェーンヴァルトや、同2着で、この年にリーディングサイアーを獲得するアグネスタキオン産駒のホッコータキオン、函館2歳ステークスを制した新種牡馬キングカメハメハ産駒のフィフスペトルなどが上位人気に推されていた。

2008年の2歳戦のハイライトである朝日杯フューチュリティステークスを豪快な走りで制し、現段階での世代ナンバーワンの座に就いたセイウンワンダーが、しかし最初に表舞台に登場してきたのは、レースのたった8か月前、4月28日に行われたJRAブリーズアップセールでのことだった。上場馬71頭中、最も高い2600万円（税抜、以下同）で落札された「セイウンクノイチの06」は、「JRAブリーズアップセールの一番馬」という評判とともに、いきなりその存在を知られることとなった。

たとえば、高額取引馬が続出するセレクトセールでは、生後まだ半年程度の、デビューまであと2年もある仔馬に「億」の値がつき、その存在がニュースとして流れることも珍しくない。実際、セイウンワンダーの同世代には、２００６年7月のセレクトセールで当歳のせりでは世界最高額となる6億円で取り引きされた「トゥザヴィクトリーの２００６*」などがいる。それらと比べれば、セイウンワンダーがある一定の評価を獲得するまでにいかに時間がかかったのか、そして、話題に上ってから、その評価がどのくらい正しかったのか確かめられるまでの時間が、いかに短かったのかがわかる。

いわゆる「即戦力」が取り引きされる2歳トレーニングセールの一つであるＪＲＡブリーズアップセールは、ＪＲＡが主催し、上場馬もＪＲＡが前年に各地の1歳馬市場で購入し、その後、自前の施設で育成した馬であるという点で、かつての「抽せん馬」システムと似ている。が、05年にせり方式に変わってからは、目的として謳う「育成技術の研究、開発とその成果の啓蒙」という性格がより前面に出てきた。ありていに言えば、ここに上場されるのは「ＪＲＡによる鍛えて強い馬を作る試み」の成果だという共通認識ができつつある。そんな中、黒光りする青毛の雄大な馬体に加え、調教供覧で１ハロンを出場馬中2番目に速い11秒３で駆け抜けたセイウンワンダーの動きは、せりの参加者たちの目を引いた。

せりに立ち会い、そのまま同馬を管理することになる領家政蔵調教師は「パワフルな走法が良かった。このまま阪神開催でのデビューを目指したい」とコメントしている。その言葉通り、セイウンワンダーはセールの後すぐに栗東へ入厩した。新馬戦がスタートする阪神開催の初日までは、すでに2か月を切っていた。

トレセンにやってきたセイウンワンダーは、最初からその評判に違わない動きを見せた。調教では好タイムを連発し、騎乗した岩田康誠騎手もその乗り味を絶賛。デビュー戦は本当に、阪神開催の初日、6月21日の新馬戦に決まった。ついこのあいだ売り買いされ、ちょっとしたボタンの掛け違いでオーナーや入厩先が違ったどころか、買い手がつかない可能性だってあった馬が、切り込み隊長のように世代のトップを切ってデビューし、しかも本命として騒がれていた。

その新馬戦、セイウンワンダーは出遅れからよく追い上げたものの、やはり調教で高いスピード能力を見せて話題を集めていたツルマルジャパンに逃げ切りを許してしまう。半馬身差の2着。とはいえ3着以下には9馬身差をつけており、「評判」は正しさへの確信の度を強める。

3週後、同じ阪神の未勝利戦を、ゴール前で流しながら2着に6馬身差という強さで勝ち上がったセイウンワンダーの次走には、新潟2歳ステークスが選ばれた。

ひどい不良馬場で行われたこの一戦、セイウンワンダーはスタートでアオり、さらに他馬に接触していきなり最後方に置かれてしまう。「ガチ焦った」という岩田騎手はもとより、目を覆ったファンは背負った人気のぶんだけいたはずだ。

4コーナーでは、荒れたインを避けて外を回る馬群の、さらに大外へ、ほとんど斜めに進路を取った。ときに数センチが勝敗を分ける、競馬という競技のそんな繊細さを鼻で笑うかのような無遠慮さで外ラチ沿いにたどり着くと、セイウンワンダーは長い直線をぐいぐい伸び、ついには全馬をごぼう抜きにしてしまう。まるで鎧ごとぶった切るような次元の違う破壊力は、セイウンワンダーがそれまでの「評価」や「評判」をさらに超える存在であることを示すものだった。

新潟でタイトルを獲得したあと、短期放牧を挟んで11月の東京スポーツ杯2歳ステークスを目指していたセイウンワンダーは、しかし蹄球炎を発症してスケジュールの変更を余儀なくされる。次走は朝日杯フューチュリティステークスとなったが、問題は105日ぶりの実戦という点だった。特に500キロを超える大型馬のセイウンワンダーにとって、ぶっつけ本番での大レースはいかにも不利な状況に思われた。

相手も揃っていた。特に、自身が出られなかった東京スポーツ杯2歳ステークスで評判通りの鋭い末脚を見せて2着に入ったブレイクランアウトは、腕の骨折からわずか1か月足らずで奇跡的な回復を見せて復帰した武豊騎手が跨っていることもあり、人気と注目を集めていた。

だが、セイウンワンダーはここでもまた、見る者の度肝を抜くようなパフォーマンスを披露したのだった。

レースはスピード馬が揃い、予想通りハイペースで流れた。この日は出遅れず後方で折り合ったセイウンワンダーは、4コーナーを回ると鋭く切れ込むように最内へと突っ込んでいった。「ラチを頼った方が伸びるから」と岩田騎手は事もなげに言うが、全馬がトップスピードに入る箇所での自在な追い越しと進路変更は、図抜けた瞬発力がなければ不可能な芸当だった。一気に抜け出したセイウンワンダーは、最後に外から差すフィフスペトルの猛追をなんとか凌ぎ切る。1997年にこのレースを制しているグラスワンダーとの、父子制覇の瞬間だった。

着差はアタマ差だが、新潟2歳ステークスでの外ラチ沿いの爆走と対を成すかのような内ラチ沿いの加速は、数字では測れない潜在能力の差を見せつけるものだった。

セイウンワンダーが生まれたのは、わずか4頭の繁殖牝馬しかいない小さな牧場だ。生産者の筒井征文氏は経営を黒毛和牛へとシフトさせつつあり、牧場には競走馬よりもはるかに多い、15頭の三石牛《みついし》が飼育されている。母セイウンクノイチは数年前に繁殖馬セールで購入されたが、その落札価格はたった60万円だった。

1歳になったセイウンワンダーは、2007年7月、HBAセレクションセールに上場され、800万円でJRAに落札された。そして日高の育成場で鍛えられ、およそ9か月後、その価格は2600万円へと跳ね上がった。

もちろん、金額は馬の「価値」ではない。だが、それが「評価」を表すものであることは確かである。成長するごとに、レースを一つ走るたびに、自身の評価を自力で、少しずつ上げてきたセイウンワンダーが朝日杯で獲得したのは、1着賞金の6300万円と、そしてそんな数字では量れない、自分自身の「価値」のようなものだったのかもしれない。

＊結局、競走馬登録されることなく未出走のままディナシーという馬名で繁殖牝馬となっている。

◇ 2009年

高松宮記念

ローレルゲレイロ

父：キングヘイロー　**母**：ビッグテンビー（テンビー）

前年秋のスプリンターズステークス勝ち馬スリープレスナイトは、これが約半年ぶりの実戦。それでも1番人気に推されていた。阪急杯のビービーガルダン、オーシャンステークスのアーバニティ、シルクロードステークスのアーバンストリートら前哨戦の勝ち馬を抑えての2番人

気は、ビリーヴの初仔で、まだ重賞未勝利ながら非凡な末脚で常に上位争いを繰り返すファリダット。阪急杯2着から参戦のローレルゲレイロは3番人気となっていた。

4コーナーを回って314メートルの直線に入ったときは、まだ先頭だった。だが、すぐ外に迫ってきたのは、よりによってスリープレスナイトだった。

完璧ともいえる強さで前年秋のスプリンターズステークスを制した彼女は、外傷や皮膚病でスケジュールに狂いこそ生じたものの、逆にいえば久々でのGI参戦という以外にさしたるマイナス要素も見あたらず、この日も1番人気に推されていた。そのスリープレスナイトが、道中は2番手集団の中を余裕たっぷりに追走し、直線で満を持して抜け出してきたのだ。

残り200メートルで、並ばれた。そのまま、わずかに交わされる。2歳時から通算して9度目のGI挑戦。香港にも行った。2着も二度あるし、昨年のこのレースも4着に頑張った。だが、要するにタイトルを得るに至ったことはまだない。

今日もまた負けてしまうのか、と昆貢調教師は思った。鞍上の藤田伸二騎手も、一度は観念したという。観ているファンのどれくらいがそう思ったのかはわからない。だが、ローレルゲレイロ自身はちっとも諦めていなかった。先頭に立ち、無人の野を切り拓いて進むことを厭《いと》う気持ちなど、これっぽっちもなかった。これまでずっと、そうだったように。

昆調教師がローレルゲレイロに初めて会ったのは、同馬が生まれてすぐだった。牧場関係者が師の遠縁にあたることもあり、その後も何度か足を運ぶうち、小柄なくせになぜかいつも目に入ってくるその馬が、やけに気になっていったという。

父のキングヘイローは、この年が初年度産駒のデビュー年だった。2世代目のカワカミプリンセスがオークスを制するのは2年後で、当時はどちらかといえば、何が飛び出すか予測のつかない、誰も開けていないびっくり箱のような存在だった。ただし昆調教師は、母系のポテンシャルなどからも、種牡馬としてある程度成功するだろうと予測していた。

そんな昆調教師の直感どおり、06年夏の函館開催初日で――つまり世代の先頭を切ってということだが――デビューしたローレルゲレイロは、その新馬戦をあっさり逃げ切った。スピードは明らかに重賞級、うまくすれば朝日杯フューチュリティステークスも狙えると感じた昆調教師は、その後、ローレルゲレイロを常にトップクラスの戦いの中に置く。ラベンダー賞3着、函館2歳ステークスとデイリー杯2歳ステークスで2着。朝日杯は最後にドリームジャーニーの追い込みに屈して2着。勝つことこそできなかったが、その能力の高さは疑いようがなく、タイトルを獲る日はそう先のことではないように思われた。

明けて07年。シンザン記念3着、アーリントンカップ2着。皐月賞では6着と初めて馬券圏内を外したが、NHKマイルカップでは1番人気に推される。だがここもまた、ブービー人気ピンクカメオの大外一気の前に2着。ダービーは、ついにというか何というか、13着。まるで緊張の糸が切れてしまったような大敗だった。

「僕の経験不足だった」

昆調教師は申し訳なさそうに言った。

「今だからわかるけど、こんなに能力があって丈夫な馬はいない。10年に1頭のレベルだよ。走っても、走ってもへこたれないから、僕もつい使ってしまった。皐月賞とマイルカップとダービー、全部使えばどこか獲れると思ってしまった。でもそうじゃないんだ。僕の経験不足で、間違った使い方をしてしまったんだ」

この話は、もう何度も語られ、記事にもなっている。ディープスカイがあえて皐月賞を回避し、その後のNHKマイルカップとダービーを獲ったとき、昆調教師はどのインタビューでもたいていこの話をした。前年のローレルゲレイロの例を挙げ、そこで学んだことが、ディープスカイの戴冠に繋がったのだと言い続けた。いや、言わずにはいられなかったのだ。

ローレルゲレイロの2勝目は、08年2月、明け4歳で迎えた東京新聞杯まで待たなければならなかった。昆厩舎は、この前年暮れにイイデケンシンで全日本2歳優駿を制してはいたものの、中央の重賞は、これが開業9年目で初の勝利だった。馬も人も、これまで蓄えたものがすべて糧となって花開こうとしていた。

この次走の阪急杯、主戦の藤田騎手は同日に中山で先約があり、ローレルゲレイロへの騎乗が不可能となった。代役に推薦されたのは四位洋文騎手。それまでにも何度か昆厩舎の馬に騎乗したことはあったが、厩舎の主戦の一人としての付き合いが始まったのは、まさにこの瞬間からだった。ちょうどこの時期、すさまじい成長力で頭角を現し始めたディープスカイに四位騎手が跨ることになったのも、だから「きっかけを作ったのはローレルゲレイロ」なのだと昆調教師は言う。

この阪急杯も制し、急遽、高松宮記念に出走したローレルゲレイロは、そこで4着と健闘したものの、レース後に骨折が判明してしまう。だがここでも「冗談じゃなく、遺伝子レベルで何かあるんじゃないかと思う」（昆調教師）という驚異的な回復の早さを見せ、秋に復帰。暮れには、香港スプリントに参戦した。

この香港遠征、結果は8着だったが、得るものは多かったと昆調教師は語る。

「外国のトップスプリンターたちの調整方法がとても新鮮だったんだ。短距離馬だろうと、ゆったりリラックスさせて作っていいんだ、と気づかされた。これまでの自分の中には、なかった考え方だったよ。そういうことも含めて、僕自身の海外遠征の経験値を上げることができて、ローレルゲレイロには本当に感謝している。もちろんゲレイロにとっても、あのハイレベルで厳しい流れのレースを経験したことはすごく大きかったと思う」

帰国後、不良馬場で大敗した東京新聞杯を経て、次の阪急杯からその「新しい」調整方法が試された。「坂路の一番時計」が名刺代わりのようになっていたローレルゲレイロは、時計より精神面の余裕を優先させた調整を施され、心身両面でどっしりとした落ち着きが出てきた。高松宮記念の1週前追い切りで跨った藤田騎手の「ひと幅、出たね」という呟《つぶや》きを聞いたとき、昆調教師は「勝てるかもしれない」と思ったという。急遽、参戦した前年と違い、きっちり狙いを定めた臨戦過程も、自信の根拠となっていた。


スリープレスナイトに交わされた瞬間、今日もまた負けてしまうのか、と昆調教師は思った。そしてほんの一瞬、目をそらし、再び視線を直線の攻防へ戻すと、なんと内から差し返していたのだった。

「あの瞬間は、本当に驚いた」

だがこの馬は、いつだって師を驚かせてばかりいるのだ。

レース後、藤田騎手は珍しく高揚した気分を隠そうともせず、無防備なほどの明るいトーンでインタビューを受けた。また、調教を担当する上籠三男助手は、人目もはばからず大泣きしていたという。

「ディープスカイでダービーを勝っても泣かなかった男が、このときはわんわん泣いてるんだから、びっくりしたよ」

これだけで、十分伝わってくるだろう。彼らにとって、厩舎にとってローレルゲレイロという馬がどんな存在なのかが。

ローレルゲレイロの次走には、安田記念が予定されている。そしてそこには、ディープスカイも出走を予定している。一方で、その先、秋にはディープスカイには凱旋門賞挑戦という夢が待っており、*ローレルゲレイロはそれに帯同し、自身も欧州ＧＩに挑戦するプランがある。

時には厩舎のスターの最大のライバル、また時には最良の先輩。いずれにせよ、いつだって自ら先頭を走り、体を張って道を切り拓く男、ローレルゲレイロ。

こんな頼りになるやつ、そうはいない。

＊ディープスカイは夏に屈腱炎を発症し、そのまま引退した。

2009年

日本ダービー

ロジユニヴァース

父：ネオユニヴァース　母：アコースティクス（Cape Cross）

皐月賞上位馬は1～4着のアンライバルド、トライアンフマーチ、セイウンワンダー、シェーンヴァルトが揃って出走。トライアル組では青葉賞1～3着馬のアプレザンレーヴ、マッハヴェロシティ、トップカミング、プリンシパルステークス1～2着馬のケイアイライジン、アントニオバローズが出走。NHKマイルカップ組もレースレコードで勝利したジョーカプチーノをはじめ、4頭が出走していた。

予報よりはるかに早く、昼過ぎから降り始めた雨は、なにか取り返しのつかない絶望的な重量感で馬場を叩き続けていた。第7レースまで稍重だった芝コースは、第8レースの青嵐賞で重に、ダービーの一つ前の第9レース、むらさき賞では不良馬場に変わっていた。あっという間だった。タイムはダート並みにかかり、人気馬がまったくレースにならず最下位に沈み、50万馬券が飛び出していた。

どこからか、こんなダービーは初めてだ、という呟きが聞こえてきた。声は観客席からのものだったが、プレス章を下げた取材陣の間でも似たような会話がしきりに交わされていた。難しい。いくら考えてもわからない。あとはもう賭けるしかない。そんな囁きが、ぼってり重い湿気とともに東京競馬場に充満していた。

不良馬場でダービーが行われるのは、1969年以来、40年ぶりのことだった。途方に暮れるほど古い話だが、しかしファンやマスコミが困惑していた本当の理由はそんなことではなかった。それは、この世代のクラシック戦線自体に対する戸惑いだった。この1年、レースを重ねるごとに謎は増え、区切りの皐月賞やNHKマイルカップを終えても、何かが解明された感じは一向になかった。大量の「わからない」を抱えたまま、僕たちはついにダービーの日を迎えてしまったのだ。確かに、こんなダービーは初めてだった。

スタートの直前、嘘みたいなタイミングで雨がぴたりと止んだ。記録上、このダービーの天候が「曇」となっているのは、だから記載ミスでもなければ、もちろん何かの冗談でもない。

先頭に飛び出したジョーカプチーノの外から、リーチザクラウンがスッと2番手につけた。最内枠からはロジユニヴァースが行きっぷりよく3番手を確保する。皐月賞を人気で大敗した2頭が、誰よりも積極的な走りを見せようとしていた。

2009年ダービーの「謎」の部分を最も重く背負っていたのは、間違いなくロジユニヴァースの陣営だった。

皐月賞で「三強」筆頭の1番人気に推されながら14着と惨敗したその敗因について、横山典弘騎手も萩原清調教師も、ずっと「わからない」と言い続け、解答探しにこだわり続けてきた。皐月賞以降の彼らの言動から漂っていた沈痛な重さは、過去のどんなダービー前の陣営にも見られなかった種類のもので、それは確かに、今年のダービーにまつわるすべての「わからない」を象徴していた。

皐月賞「三強」の2番手で、やはり13着に沈んだリーチザクラウンもまた、ダービーでどんな走りが可能なのか、すっかりわからなくなっていた1頭だった。

迫力満点の馬体と雄大なストライドが凡百の競走馬のものでないことは、一目瞭然だった。だが一方で、同馬にはその高い能力の制御に関する面にまだ荒削りな部分が残されており、また、いったいどの条件に真の適性があるのか容易に判別させないところがあった。ラジオNIKKEI杯2歳ステークスでロジユニヴァースに4馬身という決定的な差をつけられたときにも、だから何らかの理由があったのだろうとファンは判断を保留してきたし、あるいは逃げにこだわるべきか否かという議論が二転、三転したことも、むしろその器の巨大さの証明にすら感じられた。具体的な細部は謎だらけなまま、ポテンシャルの高さだけが信じられてきた。

2歳王者セイウンワンダーの迷走も、この世代の軸を決めかねさせた。いくら太め残りとはいえ弥生賞は負けすぎで、例えば距離など、何かまだ明らかにされていない他の理由があったのではという疑念は、完全には拭いきれていなかった。

そんな「わからない」馬だらけのダービーにおいて、ほとんど唯一、頼りにできそうな存在がアンライバルドだった。だが、最も減点ポイントの少なそうな同馬も、良馬場以外でのレースは経験がなく、そこは未知数だった。そして、よりによって大一番のダービーで、初めてその適性が試されることとなったのだった。

大外18番枠からゲートを出たアンライバルドは、ぬかるんだ馬場に脚をとられ、その走りは明らかに推進力を欠いていた。道中は後方4、5番手。だがレースが進んでも、そこから上がってきそうな気配は一向になかった。今年のダービーをめぐるたくさんの「わからない」ことのうち、まず一つ、答えが出ようとしていた。


向正面に入ってもジョーカプチーノはスピードを緩めず、リードを10馬身ほど開く大逃げを打っていた。1000メートル通過は59秒9。ドロドロ馬場を考えれば、暴走ともいえる超ハイペースだった。

1200メートルのファルコンステークスを制し、10番人気のNHKマイルカップを好タイムで押し切った同馬のスピードが2400メートルで通用するかどうかは、やはりこのダービーの「謎」の一つだった。そしてある意味、このペース自体がその答えだった。

ＮＨＫマイルカップでは、ブレイクランアウトやアイアンルックといった、そこからダービーを目指す馬たちが注目を集めた。昨年のディープスカイのような「遅れてきたダービーの本命」誕生が夢見られたが、ジョーカプチーノが彼らを一蹴したことで、すべては再び混沌の中に投げ込まれていた。

３コーナーを過ぎると、縦長だった馬群が一気に詰まった。リーチザクラウンがバテたジョーカプチーノに迫り、直線を向いたところで堂々と先頭に立った。内からはロジユニヴァース、外からはアントニオバローズが追ってくる。大外からは、アプレザンレーヴが必死に上がってこようともがいていた。

毎日杯を勝ち、収得賞金２４００万円を有するアイアンルックでさえボーダーぎりぎりの出走だったことは、直前のトライアルで新興勢力が中心となって権利を獲得したことを意味する。そんな「別路線組」で最も期待を集めていたのが、青葉賞優勝のアプレザンレーヴだった。

リーチザクラウンが、その素質を全開にして先頭を死守しようとしていた。だが、それを内から交わしたロジユニヴァースの伸びはじつに力強いものだった。２馬身、３馬身と、ぐんぐん差が開く。

アントニオバローズが３番手でリーチを追う。ジリジリとしか伸びないアプレザンレーヴのさらに大外からは、ナカヤマフェスタが怒涛の追い込みで上位に迫る。アントニオとナカヤマは、皐月賞で「問題の」２頭と同様、早めの競馬から馬群に沈んだ組だった。逆に、皐月賞でハイペースに乗じて追い込んだトライアンフマーチやセイウンワンダーは伸びを欠いていた。さまざまな答えが、水田のような直線で一気に弾き出されていた。

ロジユニヴァースは、最終的に４馬身の差をつけてゴールした。皐月賞二桁着順からのダービー制覇は１９８６年のダイナガリバー以来。関東馬の優勝はじつに12年ぶりで、横山典弘騎手は三度の２着を含む15回目の挑戦での栄冠となった。

２着は最後まで粘ったリーチザクラウンだった。橋口弘次郎調教師は、ダンスインザダーク、ハーツクライに続く三度目の２着。悲願は、またも成らなかった。

皐月賞で人気を集め、揃って惨敗した２頭による決着となった２００９年ダービーは、もしかしたらちっとも「わからない」レースなどではなかったのかもしれない。ある意味でこの結果は、皐月賞の前に僕たちが一所懸命になって答えを探した、その努力に報いるものだった。

勝ち時計の２分33秒７は、この40年間で最も遅い。泥沼のような悪条件の中、勝負を決めたのは、たぶん「馬力」という表現が最も似合う、競走馬の総合力のようなものだった。そして僕たちは、どの馬が最も「馬力」があるのか、ずっと前からとっくにわかっていたのだ。

2009年

スプリンターズS

ローレルゲレイロ

父：キングヘイロー　母：ビッグテンビー（テンビー）

前年の覇者で、春の高松宮記念ではローレルゲレイロの2着だったスリープレスナイトは、秋初戦のセントウルステークス2着後、屈腱炎を発症して引退。1番人気は、そのセントウルステークスを2馬身半差で制したアルティマトゥーレとなっていた。2番人気は札幌のキーンランドカップ勝ちから臨むビービーガルダン。豪州からの遠征馬で、英GIキングズスタンドステークスを制しているシーニックブラストが3番人気に推されていた。

ラチ沿いを一杯に逃げるローレルゲレイロが、中山の急坂を先頭で駆け上がる。

スタート直後、豊かな才能にまかせ、内枠から楽な手応えで前に出ようとするアルティマトゥーレをほとんど気迫一本で制し、押して、押してハナを奪った。あとは後続を振り返ったり、引きつけたりなどせず、ひたすらトップを駆け続けてきた。坂を上がり、ゴールまであと100メートル。まだバテない。止まらない。

調子は良くないはずなのだ。

安田記念のあと、放牧先で夏負けにかかり、完全に体調を崩した。夏の後半は函館競馬場で調整していたが、調教で2歳の新馬にもかなわない始末。あまりのひどさに、昆貢調教師は頭を抱えたという。立て続けに、厩舎のエースであるディープスカイが故障を発症し、引退に追い込まれた。「ダブルパンチだったよ」と昆調教師はため息をついて振り返る。

栗東に戻っても調子は一向に上向かないまま、セントウルステークスに出走した。気で走るタイプなので、そんな状態で可能な範囲を超えて走ってしまうかもしれなくて、それが怖かった。そうなったら、今度は反動でスプリンターズステークスどころではなくなるからだ。だが結局、ローレルゲレイロは逃げて14着と大惨敗を喫した。

外から、前年の3着馬ビービーガルダンがぐいぐいと迫ってきた。ローレルゲレイロとは逆に、レース前は連日、絶好調ぶりが伝えられていたこの馬を、安藤勝己騎手がここぞとばかり追いまくる。しかし差はほんの少しずつ、じりじりとしか縮まらない。藤田伸二騎手の左鞭連打に応え、ローレルゲレイロが信じがたい粘りを見せているからだった。

最終追い切りで、藤田騎手にビシッとやってほしいという注文を出したのは、なんとか気持ちのスイッチを入れてほしかったからだった。その効果はあり、金曜の朝の動きにはローレルゲレイロらしさが戻ってきていた。ただ、身体はまだ本物ではなかった。今回とは逆に、気持ちの余裕を重視したソフト調教で成功した春の高松宮記念時を100点とするなら、良くて90点といったところだった。

その最終追いの数日前、前年の覇者スリープレスナイトが突然の故障で引退を発表していた。「こちらの調子が調子だけに、正直、あの馬に万全で出てこられたら厳しかった」という大本命馬の戦線離脱で、昆調教師はなんとなく、こちら側に「流れ」が向き始めたような気がしていた。あとはこれで、当日の馬体重がプラス体重ならギリギリ及第点だ、と思った。だが無情にも、輸送を経たレース当日の馬体重は前走からマイナス4キロ。460キロという数字は、3歳時のダービー以降で最も軽いものだった。

そんなローレルゲレイロがいま、先頭を争っていた。粘るローレルゲレイロと、追うビービーガルダン。2頭が並び、あとはクビの上げ下げか、と思われたところが、まさにゴールだった。

あまりに際どすぎるゴール。その興奮が充満する検量室前に真っ先に戻ってきたのは、ローレルゲレイロだった。藤田騎手は枠場の1着馬と2着馬のスペースの前で馬を止め、一瞬何かを考えるように間をおいてから、大きな声で「わっかんねえや！」と言って、どちらにも入らずそこで馬を下りてしまった。出迎えた昆調教師が、無表情でただ頷いた。だがその胸の内では、大きな感動と満足感が膨らんで爆発しそうになっていた。

「もう、あとは勝っていようが負けていようが、どっちでもいいと思っていた。あんな状態で最高に近い仕事をしてくれたんだから、それ以上何も望めないよ」

続いて他の馬が続々と戻ってくる。ビービーガルダンの安藤騎手は迷わず1着の枠場に馬を入れた。領家政蔵調教師をはじめ関係者の表情は明るく、口々に「大丈夫、勝ってる」と言い合っていた。あとは写真判定の結果を待つだけだった。

検量室の中で、他の騎手や調教師たちとモニターで流されるリプレイを観ていて、昆調教師はそれでもローレルゲレイロが勝っているのでは、と感じたという。だが、周囲はビービーガルダン有利の空気に包まれていて、口にできなかった。

「岩田（康誠騎手）くんだけだったかな、先生のとこの馬が勝ってると思いますよ、って言ってくれたのは」

ゴールから約12分。あの、昨年の天皇賞・秋の時が13分だったたから、ほとんどそれと同じくらいの時間を経て、ようやく写真判定の結果が出された。スタンドから大きなどよめきが起きる。検量室の中で昆調教師のガッツポーズが見えて、同時に外まで聞こえるほどの大きな声で「よっしゃ！」と叫ぶのが聞こえた。ローレルゲレイロが、粘り切っていたのだ。

公式の着差はハナ、実際の距離はわずか1センチということだった。件《くだん》の天皇賞・秋のウオッカとダイワスカーレットが2センチ差で、1センチ差というのは「最小着差」伝説として今も語り継がれる、96年スプリンターズステークスでのフラワーパークとエイシンワシントンの差と並ぶものだった。

高松宮記念とスプリンターズステークスの同一年制覇は、先のフラワーパークと01年のトロットスター以来、史上3頭目の快挙だった。だが、昆調教師はそのことはあまり意識していなかったという。というより、馬の状態を立て直すことで精一杯で、それどころではなかったのだ。

ちなみに2戦連続で二桁着順に敗れていた馬によるGI制覇など、84年のグレード制導入以降の四半世紀で一度も例がなかった。この1センチ差がもたらしたのは、まさにそんな歴史的快挙なのだ。馬の頑張りはもちろん、立て直した陣営の努力が、その1センチには凝縮され、詰まっている。


昆調教師は、このあとローレルゲレイロを12月の香港スプリントに挑戦させようと考えている。昨年も参戦し、レースこそ8着に終ったが、そこで見た現地の馬からヒントを得た調教方法を採り入れ、ローレルゲレイロは春に高松宮記念で初めてのGIを勝つことができたのだ。

今年はレースで結果を出して帰りたい、という昆調教師に、昨年の経験をどう生かすのか訊ねると、「調子が良くてもそれを隠すこと」という答えが返ってきた。

「マークされるんだよ。日本と違って、海外では強い相手を負かすためにあらゆることをやってくるからね」

確かに、今回は道中で躓《つまず》く不運もあってまともに走っていない豪州のシーニックブラストとも、そこでは再戦の可能性は高い。そして向こうはすでにローレルゲレイロの強さを肌で知っているのだ。

11月22日に同じシャティン競馬場で行われるトライアル戦で足馴らしをするプランもあるが、本稿の執筆時点ではまだ未定だ*。どちらにしても、それは長期滞在に伴うスタッフや獣医、坂路が使えない問題などについて、一通り検討した結果の判断ということになる。

そんな先の話まで含めた取材が一段落した頃、昆調教師がしみじみと言った。

「僕はね、今回の勝利で、あらためてうちの厩舎はローレルゲレイロが支えてくれているんだってわかった気がするんだ。ディープスカイは確かに厩舎のスターだったけど、スカイが勝つことができたのも、ローレルゲレイロが体を張って作ってきた流れやムードのおかげだったんじゃないかってね。本当に、困ったときに頼れる、頭の上がらない存在だよ」

じゃあ、スタッフはみんな彼のことが好きなんでしょうね、というと、昆調教師は「いやいやいや」と笑った。

「みんな怖いから、なるべく近寄らないようにしてるよ。噛まれるんだ。たぶん僕以外は全員、噛まれてるんじゃないかな。大事なのは目線を外さないこと。外すと、ガブっとくる。ずっと睨みつけておけば大丈夫なんだよ、あの馬は」

じっと睨み合う昆調教師とローレルゲレイロ。そのちょっと微笑ましい光景が、この秋、再び海を渡る。

＊結局、現地の前哨戦は使わず2年連続でスプリンターズステークスから直接、香港スプリントへ。レースはセイクリッドキングダムの13着に終わった。シーニックブラスト14着。

2009年 秋華賞

レッドディザイア

父：マンハッタンカフェ　母：グレイトサンライズ（Caerleon）

桜花賞とオークスに続く三度目のワンツー決着は成るか。札幌記念で2着に敗れ、秋は凱旋門賞遠征を断念して国内に専念することとなったブエナビスタが単勝1・8倍の断然人気。2番人気のレッドディザイアは3・2倍。ローズステークスでそのレッドディザイアを破っているブロードストリートが3番人気だったが、単勝は10・3倍と、オッズは完全な二強状態となっていた。

4月の桜花賞、5月のオークス。春のクラシックが終わってから、まだ半年も経っていなかった。だが、第14回秋華賞のパドックに現れた18頭の中に、その両方のレースを戦ってきた馬は4頭しかいなかった。反対に、どちらにも出ていなかった新メンバーは7頭。その数字は、人間でいえばちょうど高校生くらいにあたる3歳馬たちが、季節を一つ越えるとどのくらい成長し、変わるものなのかをうまい具合に表しているともいえた。

中でも、この短い期間における成長や変化という点で際立っていたのが、桜花賞、オークス、ローズステークスと3戦連続で2着に惜敗中のレッドディザイアだった。

ブエナビスタに敗れた春の二冠はさておき、秋初戦のローズステークスでは、いかにも休み明けという感じで勝負所でモタつき、直線で外に出すのに手間取るロスの大きな競馬を強いられた。それでいて、最後は鋭く伸びてブロードストリートのクビ差2着なのだから、叩かれての上積みは競馬の教科書に載っていそうなほど明白だった。そしてさらに輪をかけて明らかなのが、その馬体の充実ぶりだった。

ローズステークスではオークスからプラス10キロ、もともと逞しい体を、ほれぼれするほどパワーアップさせて登場したが、この秋華賞では一転、マイナス14キロと大きく絞ってきていた。だが、まったく細くはない。どころか、逞しさにシャープさと張りが加わり、凄まじい迫力を醸し出している。その姿は、もはや春とは別馬だった。そしてこれこそが、3歳馬が秋に見せるべき「成長」というものなのだった。

初秋とは思えない強い陽射しがぐんぐん気温を上げ、激しく発汗したりイレ込んだりする馬も多い中、しかし二冠馬ブエナビスタはいたって涼しげな顔で、落ち着いて周回を重ねていた。いつもと同じ。この馬だけは、何も変わっていないように見えた。バランスこそとれているものの、規格外のスケールやパワーを感じさせるわけではない小柄な馬体も同じならば、やる気があるのかないのか、無関心ともとれる顔でパドックを周回する様子も、二冠を制したときと同じだった。

変わる必要はない、というのは、ブエナビスタに関して松田博資調教師がことあるごとに発してきたコメントだった。

変わらなくていい。今のままでいい。無事でさえいれば結果はついてくる。

大外一気を繰り返す荒削りなレースぶりまでも含め、松田調教師はずっとそう言い続けてきた。それはブエナビスタがいかに早い時期から高い――凱旋門賞を意識させるほどの――能力を持っていたのかを何よりも雄弁に物語るとともに、絶妙のバランスで成立しているそのファンタジックな走りが、ほんのわずかな変化で崩れる可能性を秘めたものであることを、暗に警告しているようでもあった。

調教師に「変わらなくていい」と言わしめるほどの稀有な強さを持つ二冠馬と、その二冠馬がいなければこちらがタイトルを独占していておかしくなかった実力に加え、呆れるほどまっすぐな「成長」を果たしたライバル。そんな2頭が雌雄を決する戦いが、平凡な一戦になど、なろうはずがなかった。

ゲートが開くと、レッドディザイアはなにがなんでも前へ行きたい馬だけを行かせつつ、自身は残りの集団を先頭で引っ張るような、絶妙の位置に落ち着いた。数字上は8番手だが、前はハイペースで飛ばしており、バラバラの縦長。それらをいつ捉えに動くのか、レースの主導権は、あっという間にレッドディザイアの手に握られていた。

驚くべきは、その二つ内側の枠でレッドディザイアに勝るとも劣らない好スタートを切っていたブエナビスタだった。いつもはのんびりとゲートを出て、レース前半は馬群の後方をトコトコとついていくだけだったブエナビスタが、一瞬、先行すらしそうな勢いで飛び出してから、スッと下げて馬群の内に入っていた。

春までのブエナビスタからはちょっと想像のつかないこの好スタートは、しかし前走の札幌記念を思い出せば、彼女がそこで新たな引き出しとして得たものなのだと納得できた。舞台はどちらも同じ、後方一気が決まりにくい小回りの2000メートル戦。当初は凱旋門賞前の一叩きとして設定されたレースが、図らずも格好の秋華賞の予行演習となっていた。休み明けのせいか掛かる仕草も見せた札幌記念と違い、今度は折り合いもついていた。

松田博資厩舎は、ゲート練習をあまり重視しない。だから最初は出遅れる馬も多いが、これは速く出す練習を積むことによって故障したり、イレ込むようになるリスクを嫌ってのことなのだという。

「競馬で覚えていけばいい」

と松田調教師は言う。このブエナビスタのスタートが、たぶんその「競馬で覚える」ということだった。そしてそれはブエナビスタがこの数か月で遂げた、数少ない目に見える「成長」の一つだった。

道中もずっと、ブエナビスタはその場所を動かない。レッドディザイアからはわずか1〜2馬身だけ後ろの、密集地帯の最内。いつだって後方から大外を回っていたブエナビスタとは思えない位置取りに、2枠3番という内枠が、こうなってくると仇になりそうな、嫌な予感が膨らむ。いや、好スタートを切って馬群で折り合っている馬に不安を感じるなんて、本来はおかしいのだ。だが、僕たちはそういう競馬をするブエナビスタを、まだ一度も見たことがなかった。

勝負所の3〜4コーナー、隊列がぎゅっと詰まる。満を持してレッドディザイアが動いた。「攻めの競馬をしようと決めていた」とレース後に四位洋文騎手が語ったように、パワフルな脚色で一気に仕掛ける。「勝つなら、ああいう形しかないと思っていた」と松永幹夫調教師が振り返ったように、内に閉じ込められて動けないブエナビスタを尻目に、勢いよく4コーナーを回る。反応の鋭さは、休み明けのローズステークスとは雲泥の差だった。直線を向くと、もう前にはバテて下がってくるヴィーヴァヴォドカと、粘るクーデグレイスしか残っていなかった。

残り200メートル、レッドディザイアが先頭に立つのとほぼ同時に、馬群を抜けたブエナビスタが進路を外にスイッチした。とたんに、エンジンが全開になる。猛烈な末脚でレッドディザイアに追いつく。馬体が合う。じわじわと鼻面が近づく。

だが、そこまでだった。

2頭がぴったり並んでのゴールは写真判定となったが、観ている者のほとんどが、レッドディザイアが「残っている」ことを確信できていた。ゴール前のリプレイがスローでターフビジョンに流れると、確信はいよいよ強まった。

調教師席で観ていた松永調教師は、ゴールの瞬間、満面の笑みとともにガッツポーズをしかけて、はっと気づいたように両腕を中途半端に下ろした。が、周囲からは遠慮なく「勝ってますよ」「おめでとう」という声が浴びせられる。そのシーンは、この秋華賞のゴール前の際どさと、それに反する決着の明白さのアンバランスを見事に映し出していた。

ほどなくして写真判定の結果が出た。レッドディザイアがハナ差、凌いでいた。同じように先に抜け出し、外から差してくるブエナビスタとの叩き合いとなったオークスでのハナ差負けからこのハナ差勝ちまで、4か月半余り。才能の塊のようなライバルを相手に、ほんのわずかな距離を追いつき、ほんのわずかな距離だけ前に出るために、どれほど多くのものを最後まで積み重ねてきたのかは、松永調教師の次の言葉が象徴している。

「負けて良かった、というとへんですが、ローズステークスで負けたからこそ、調教をしっかりやって鍛えることができたんだと思います。もし勝っていたら、ここまではできなかったかもしれません」

敗れたブエナビスタには、三冠を逃した落胆に追い討ちをかけるように、さらに厳しい事態が待っていた。進路妨害で、3着へと降着になってしまったのだ。

対象は、4コーナーで内に閉じ込められたブエナビスタがわずかに外へ出ようとした動きだった。結局、進路はほとんど変えられなかったが、ちょうど後ろから馬群を割って突っ込もうとしていたブロードストリートにとっては、やっと開いた針の穴を塞がれる動きとなってしまったのだ。直線で立て直したブロードストリートは、縫うように内へ進路を取り、最後までよく伸びて3位に入線していた。

双方にとって不運としか言いようがないこの事態に、もしあえて遠因のようなものを求めるなら、それはもしかしたらブエナビスタの「成長」にあるのかもしれなかった。いつになくいスタートを切れたこと、後方に下げず馬群で折り合えたことが、結果的に不慣れな競馬を強いて不器用さの露呈に繋がった。「変わらなくていい」ブエナビスタの「変化」こそが、この秋華賞の鍵だったのだ。

そんなブエナビスタにできることは、あとは一つしかない。この経験を生かし、次へと繋げること、次のハナ差を制することだ。レッドディザイアがそうしたように。そしてそれこそが、本当の意味で「成長」するということなのだ。

エリザベス女王杯ですぐに実現するかと期待された両馬の次の対決は、しかしレッドディザイアがその矛先をジャパンカップへと向けたため、しばらくは見られない。レース間隔が2週間、長くとれることを重視しての選択とのことだが、言い換えればそれは、秋華賞のレッドディザイアがいかにギリギリの、究極の仕上げを施されていたかを裏づけてもいる。

じつは当初、松永調教師は「できれば次もブエナビスタと同じレースに使いたい」と語っていた。最優秀3歳牝馬に選ばれるためにはもう一度勝つ必要があるからというのが理由だったが、そのタイトルを獲るのに、ジャパンカップの好走では不足なんてことがあろうはずはない。*

ついに好敵手に追いついたレッドディザイア。だが目の前に挑戦の対象がある限り、自分を追い込み、高める――「成長」することを、レッドディザイアはやめないだろう。それはたぶん、秋華賞のゴールの瞬間、ライバルとの間で交わされた約束のようなものなのだ。

＊ジャパンカップでレッドディザイアはウオッカの3着。一方のブエナビスタはエリザベス女王杯3着、有馬記念2着。最優秀3歳牝馬にはブエナビスタが選ばれた。

2010年

桜花賞

アパパネ

父：キングカメハメハ　母：ソルティビッド（Salt Lake）

2歳女王アパパネは、重馬場のチューリップ賞で伸びを欠き、伏兵ショウリュウムーンの2着と不覚を取ったものの、本番は堂々の1番人気。2番人気にはクイーンカップ勝ちのアプリコットフィズ、3番人気はフラワーカップ勝ちのオウケンサクラとなっていた。

国枝栄厩舎の馬が関西の大レースに挑むたびにクローズアップされるのが、1週間以上前から栗東に入って調整し、レースに向かうという手法だが、これをしたからといって魔法のように馬が強くなるわけではもちろんない。確かに、東西のトレセンにおける調教施設の違いは国枝調教師が以前から議論の対象に掲げ続けるテーマだが、特にアパパネのような若い牝馬の場合は、むしろ別のメリットが大きな意味を持ってくる。長距離輸送による心身の疲労をレースに持ち込まずにすむというのがそれだ。

いずれにせよ、そうしたいわゆる「栗東留学」――国枝調教師自身は、すべての面で美浦が劣っているような印象を与えるこの言葉を、じつは好きではないという――の手法が最初に意識的に採り入れられた馬が、02年秋に京都でファンタジーステークスを走った後、そのまま栗東に入って4週間後の阪神ジュベナイルフィリーズに挑んだソルティビッドだった。同馬はそのGIで17着に終わったが、7年後の09年秋、娘のアパパネが、2週間前から栗東入りして臨んだこのレースを見事に制することになる。国枝調教師はもちろん、オーナーの金子真人氏や鞍上の蛯名正義騎手までもが当時のソルティビッドと重なるアパパネの勝利は、その「手法」が結果に結びついたという意味においても最高のリベンジといえた。

2歳女王となったアパパネは、当然のように次は桜花賞に狙いを定める。

2月18日、桜花賞の2か月近く前に栗東に入ったアパパネは、まずその2週間後のチューリップ賞に出走。先を見据えた仕上げで、しかも末脚の切れが削がれる重馬場の中、それでも僅差の2着で、敗れながらむしろその地力の確かさを証明した。そしてそのまま栗東滞在を続け、さらに5週間後の桜花賞に登場してきたのだった。

1番人気という評価は、実力はもちろんだが、長距離輸送の有無も含め、その実力を引き出せるかどうかに関わるあらゆる面において、もはやアパパネには不安要素が見当たらないことを表していた。

母は桜花賞には出ていない。だがアパパネが歩いているのは、確かに母が国枝調教師とともに切り拓いた道の上だった。

アパパネが国枝厩舎にやって来たのは2歳5月のことだった。母は胴の詰まったいかにもスプリンター体型の馬だったが、アパパネの胴には伸びがあり、母と比べて距離の融通が利くのはそのおかげもあると国枝調教師は見ている。が、豊かな尻の筋肉やそこから生まれるスピードは間違いなく母譲りで、そして何より、この母娘は性格がそっくりなのだという。

「人の言うことをきける、落ち着いた馬。人への親和性が高いとでもいうのかな」

この「スピード」と「人への親和性」という母から受け継いだ要素のバランスの、その絶妙さこそが、掛かりそうに見えながらギリギリで踏みとどまって鞍上のコントロール下に入り、最後にはきちんと切れる脚を繰り出すというアパパネの個性的な走りの源となっていることは明らかだろう。

7月の福島、芝1800メートル戦でデビューしたアパパネは、ここで3着に終わった後、球節にむくみが見られたために夏の間、北海道へ放牧に出ることとなる。後にも先にもアパパネが順調さを欠いたのはこれだけなのだが、この休養がとてつもなくいい方向に出た。10月1日に厩舎に戻ってきたアパパネは、体も大きくなり、明らかなスケールアップを果たしていた。

完全に成長分といえる馬体重プラス24キロで出走した未勝利を完勝すると、国枝調教師は経験からそのレベルが阪神ジュベナイルフィリーズを狙えるものであることを確信する。その期待通り、アパパネは次の赤松賞をレコードで圧勝。あまりに見事な勝ちっぷりに、周囲がにわかに騒がしくなる。

そして赤松賞の11日後に栗東に入ったアパパネは、その2週間後の阪神ジュベナイルフィリーズに万全の状態で臨み、母が成し得なかったGI制覇を果たしたのだった。

大外枠に入ったアパパネはこのとき、18頭の最後の枠入りでなかなかゲートに入らず、係員が鞭を振るわざるを得ないほど手こずらせてしまう。アパパネに関して、これまでいちばん驚かされたことは何かと聞くと、国枝調教師はこの件を挙げた。

「あんな面があったとはね。もう、見ていて気が気じゃなかったよ。だからその後のチューリップ賞と桜花賞では、枠順に関係なく最初に入れさせてもらったんだ。まだ他の馬が入っていない最初なら、必要以上に急《せ》かされず自分のペースで入れるからね」

普通はゲートの中に長くいたくないため、できるだけ後の枠入りを望むもので、先入れを希望するケースは珍しい。だが、アパパネは中に長くいても暴れたりスタートを失敗したりする心配がないのだという。些細な部分だが、しかしそれはたぶん、母から受け継ぐ並外れた「人への親和性」の一端をよく示しているといえる。

16番枠のチューリップ賞でも、そして9番枠の桜花賞でも、アパパネは最初にゲートに促され、やはりなかなか入らず、ようやく入った後は全馬の中で最も長くゲート内にいて、そして綺麗なスタートを切った。

それだけではない。桜花賞で蛯名騎手は、アパパネを積極的に前のポジションに付けていった。それは国枝調教師と決めた策だった。

桜花賞当日の阪神競馬場の芝は時計が速く、前に行った馬が止まらないレースが続いていた。加えて、逃げ馬不在でペースも落ち着きそうな状況を読んでの策だったが、アパパネはこの手綱捌《さば》きに敏感に反応し、折り合いを欠く。途中からやっと5番手あたりで落ち着くが、そんな愛馬に比べると、逃げるオウケンサクラはいかにも楽に走っているように国枝調教師には感じられた。装鞍所で最も良く見えたのもそのオウケンサクラとショウリュウムーンだったという。

直線、粘るオウケンサクラに内からアプリコットフィズが、外からエーシンリターンズが迫る。だがアパパネは、最後は力でねじ伏せるようにこれらをまとめて差し切ってしまう。着差以上の力量差を感じさせる走りで第70代桜花賞馬が誕生したその瞬間、長かったアパパネの栗東滞在はついに大団円を迎えた。厩舎にとっても、ソルティビッドで初めて管理馬を栗東に長期滞在させてから7年半、その間さまざまなノウハウを得てきた積み重ねの、その結晶ともいえる勝利だった。国枝調教師は言う。

「慣れない調教場での移動でまごつかないとか、夜にメシを食べる場所に困らなくなるとか、そんな些細なことですら人の安心を生んで、いい仕事につながるんだよ」

母が娘に残したもの。それは、自分たちを取り巻く「人」の成長という、時を経てようやく得られる宝物なのだった。

2010年

ヴィクトリアM

ブエナビスタ

父：スペシャルウィーク　**母**：ビワハイジ（Caerleon）

ドバイシーマクラシック2着のブエナビスタと、マクトゥームチャレンジラウンドⅢ1着、ドバイワールドカップ11着のレッドディザイア。ドバイ帰りの同世代のライバルが1、2番人気となった。レースはこの2頭に阪神牝馬ステークスのアイアムカミノマゴ、京都牝馬ステークスのヒカルアマランサス、中山牝馬ステークスのニシノブルームーンらが挑む構図となっていた。

風薫る5月の府中で行われるヴィクトリアマイルは、3月下旬のドバイで「世界」を相手に戦ってきたトップクラスの牝馬にとってはちょうど帰国初戦にあたりやすく、いきおいそこには疲労や環境の変化、一度ピークを迎えた仕上げからの再調整といった、海外遠征帰りのコンディショニングの困難がつきまとうこととなる。それはつまり、力量的に上位の馬ほど、相手との戦いの前にクリアすべき「自分との戦い」が厳しいものになるという、いささか矛盾めいた状況が生まれることを意味する。

そうしたこのレースに特有の難しさを、僕たちはウオッカの走り——08年のまさかの惜敗と09年の震えるような圧勝によって、知っているつもりだった。だが2010年ヴィクトリアマイルには、そのさらに上を行くような未知の状況が用意されていた。

ブエナビスタとレッドディザイアがぶつかるのは秋華賞以来約7か月ぶり、四度目のことだった。現在の日本競馬で最も注目度の高いイベントの一つといえるこの対戦を、しかし僕たちは純粋な「二強対決」として楽しむわけにはいかなかった。2頭はどちらも、これがドバイ遠征からの帰国初戦なのだ。ブエナビスタは芝のドバイシーマクラシックでわずかに差し届かず2着。一方のレッドディザイアはオールウェザーで2戦し、前哨戦のマクトゥームチャレンジラウンドⅢを見事に追い込んで制したものの、本番のドバイワールドカップでは11着。ともに別々の敗北と、だがその中にどちらもある種の「戦果」のようなものを得て帰国し、ほとんど休むことなく、今度は同じレースに出てきたというわけだった。

10年ヴィクトリアマイルは、そんな「ライバル対決」と二つの「自分との戦い」とが複雑に絡み合う、まるでもつれた毛糸球を転がすような一戦となった。

本馬場入場後、返し馬に移った横山典弘騎手は、ブエナビスタの動きを「硬い」と感じ、その状態が完璧なものではないことを悟ったという。ドバイで騎乗したのはオリビエ・ペリエ騎手で、横山騎手はブエナビスタの帰国後、跨るのはこれが初めて。追い切りもビデオで確認したのみだった。

3月27日にドバイで走った2頭が日本に戻ったのは4月1日のことだった。そこから兵庫県の三木ホースランドパークでの1週間の輸入検疫を経て、ブエナビスタは宮城県の山元トレーニングセンターで、レッドディザイアは滋賀県のグリーンウッドトレーニングで、それぞれ3

週間の着地検査を受けた。栗東の自厩舎へ帰ってくることができたのは4月29日、レースまではあと2週間ちょっとしか残されていなかった。

実績では他を圧倒しているのだから、あとはスポーツ新聞などの報道は自然と2頭の「状態」に注目したものが多くなっていく。だが、マスコミの目に触れない検疫中の様子ならいざ知らず、それなりに育成施設で調整を施してきた後の姿や動きから、単純な不調の匂いを嗅ぎつけることは難しい。ピーク時の、本来のパフォーマンスから何が、どのくらい削がれているのかなど、走ってみるまで誰にも正確なところはわからない。08年と09年のヴィクトリアマイルにおけるウオッカから僕たちが学んだのは、たぶんそういうことだったはずなのだ。

ゲートは、馬場入り前に落鉄したブラボーデイジーの蹄鉄の打ち替えのため、定刻より7分ほど遅れて開いた。横山騎手が覚悟していた通り、ブエナビスタのスタートはあまり良くなかった。馬群の後方、13番手という位置取りは、鋭い末脚を身上とする同馬からすれば本来は慌てるようなものではないはずなのだが、そうも悠長に構えていられない特殊な事情もあった。

1週前のNHKマイルカップではダノンシャンティが日本レコードの1分31秒4という途方もないタイムを叩き出し、前日の京王杯スプリングカップでは10番人気のサンクスノートが2番手から抜け出してそのまま止まらず、やはり1400メートルで1分19秒8のコースレコードを樹立していた。東京競馬場の芝コースは明らかに「高速馬場」と呼ぶしかない状況を呈しており、前へ行った馬が止まらない傾向が強かったのだ。

横山騎手をはじめジョッキーたちの頭にも当然、そのことはインプットされていた。後方でモタモタしていてはマズい。だが、ブエナビスタの反応は鈍かった。勝負所でもポジションを上げることができない。直線に入って激しく手綱を動かしても、周囲との脚色に差が出ない。すぐ前にはレッドディザイアがいて、四位洋文騎手もこの馬場に加え、17番の外枠も考えて積極的にレースを運んできたが、そちらもじわじわとしか伸びていなかった。「二強」危うし――そう思われた残り200メートル過ぎ、ついにブエナビスタのエンジンに火が入った。

それを横山騎手はレース後、「底力」と呼んだ。「精神力」と書いた記事もあった。いずれにせよ、体調や疲労を言い訳にすることだけは絶対にしたくないとでもいうような、強い「意志」を感じさせる力が、ブエナビスタの全身に漲《みなぎ》った。走りの次元が一つ上がり、他馬の領域を超えた。

ゴール寸前、レースは粘る馬、差す馬が入り乱れ、重なり合う大激戦となった。それらを外からまとめて、ねじ伏せる。必死にもがくレッドディザイアを交わし、離れた内で体一つ抜け出したヒカルアマランサスを、まさにゴールの瞬間、きっちりクビ差捉えた。底力や精神力、意志の力に裏打ちされた、それはミラクルとすらいえた。

レッドディザイアは最後の最後に伸びが鈍り、他馬にもわずかに遅れをとる4着に終わった。「対決」という点では勝者と敗者に分かれた2頭だが、しかしそれぞれにおける「自分との戦い」の結末には、そこまではっきりした色の違いはない。どちらも十分に苦しみながら、その時点で可能な最大限のパフォーマンスを発揮できたといえるだろう。そしてそれは、僕たちが今後も2頭にある種の信頼を寄せ続けていくためには、たぶんとても大切なことなのだ。

ドバイで、ブエナビスタとレッドディザイアは「対決」せず、同じ日本チームの一員として戦った。最大のライバルが、さらに強大な敵を得たことで最高の仲間に変わるという、ちょっと少年マンガ的ともいえる状況を経た後のこの2頭のような関係は、過去も含めてそう見つかるものではない。そんな2頭の激突を、僕たちはいったいあと何度、見ることができるだろうか？*

＊2頭の対決はこの年末の有馬記念でも実現し、ブエナビスタがヴィクトワールピサの2着、レッドディザイアは14着。これが最後の対決となった。

2010年

日本ダービー

エイシンフラッシュ

父：King's Best　母：ムーンレディ（Platini）

この年のダービーは前哨戦の上位馬が軒並み出走。皐月賞1〜7着のヴィクトワールピサ、ヒルノダムール、エイシンフラッシュ、ローズキングダム、アリゼオ、リルダヴァル（NHKマイルカップ3着を経由）、ゲシュタルト（京都新聞杯勝ちを経由）。他にも青葉賞1着のペルーサと2着トゥザグローリー、プリンシパルステークス圧勝のルーラーシップなど、まさに目移りする好メンバーが揃う一戦となった。

ウイニングチケットが勝った93年やアドマイヤベガの99年、僕たちはダービーの前に「三強」という枕詞を付けて、まるでジャンケンの三すくみの関係みたいに絶対的な解答がないように見える問題に、必死になって取り組んだ。対照的に、91年のトウカイテイオーや94年のナリタブライアン、05年ディープインパクトには単勝1倍台の支持を与え、どれほどの圧勝が見られるのかと夢想し、その想像をさらに超えた走りに脱帽した。

01年や04年には、クロフネやコスモバルクが新時代を切り拓く、その瞬間に立ち会えるかもしれないという期待に胸躍らせた。07年のウオッカは、そうやって本当に「歴史」を作ってしまった。逆に「戦国」や「サバイバル」というキャッチフレーズがぴったりな年もあった。いずれにせよ、それは2歳の夏から約1年間をかけてきた壮大な勝ち抜き戦がついに大団円を迎えようとするとき、自然に浮かび上がってきた構図だった。そうやって醸成された空気とともに、僕たちはその年のダービーを記憶するのだ。その記憶はある意味、レースの結果よりさらに胸の深い場所に、大切に収められる。

そして僕たちは、2010年ダービーをこう名付けて、決戦の日を待った。

「史上最高のダービー」と。

豪雨と蒸し暑さに祟《たた》られた前年とは違い、この時期にしては涼しすぎるくらいの快適な薄曇りのもと、東京競馬場には朝から大勢のファンが詰めかけていた。最終的に12万5746人に達した観客それぞれが手にした新聞やレーシングプログラムには「史上最高メンバー」と評される18頭が並んでいたが、うち1頭は大きな「出走取消」の文字とともにあった。8枠18番のダノンシャンティが骨折によりダービー出走を取り消すことは、前日の土曜日にすでに発表されていた。

NHKマイルカップを日本レコードで制してきたダノンシャンティは、金曜日の前売りでは単勝8・7倍の3番人気に推されていた。逆に言えば、それほどの馬が3番手の評価にとどまっていたのだ。

07年生まれの牡馬は史上稀に見るハイレベル世代なのではという、そういった声自体は、ずいぶん前から聞かれていた。そんな豊富なタレントたちが、世代を引っ張る2頭、朝日杯フューチュリティステークスを制したローズキングダムとラジオNIKKEI杯2歳ステークス勝ちのヴィクトワールピサを両軸に、絡み合うように切磋琢磨しながら力をつけてきたことが「史上最高メンバー」へと繋がっていった。

特に、今年から優先出走権を得られるのが2着までに狭められ、切迫感が増したトライアルの青葉賞を圧勝したペルーサと、やはり優先出走権は勝ち馬のみとなったプリンシパルステークスをぶっちぎってきたルーラーシップへの注目度の高さは、そんな存在が目移りするくらい何頭もいるという状況も含めて、過去のどんな年のダービーにもなかったような熱い空気を作り出していた。この二つのトライアルと、仰天レコード決着となったNHKマイルカップが次々に行われた5月の最初の2週間に僕たちが感じた昂揚感は、ちょっと筆舌に尽くしがたいものがあった。

もちろん、そんなふうにダービーまで駒を進めることができなかった素質馬もいた。デイリー杯2歳ステークス勝ちのリディルは骨折、NHKマイルカップ4着のサンライズプリンスは浅屈腱炎で戦線を離脱した。朝日杯フューチュリティステークスで故障を発症したトーセンフアントムは競走能力喪失で引退し、ザタイキは毎日杯のレース中に開放骨折で落馬競走中止、予後不良となってしまった。また、このときザタイキに乗っていた武豊騎手は、落馬により左鎖骨遠位端骨折、腰椎横突起骨折などの重傷を負い、ダービーへの騎乗が不可能になってしまった。

だがそれでもなお、この豊作世代は有力馬にこと欠かなかった。アリゼオが、ヒルノダムールが、ハンソデバンドがいた。ゲシュタルトもしぶとく、レーヴドリアンの末脚は脅威だった。リルダヴァルも骨折から復活し、トゥザグローリーが遅ればせながら頭角を現してきた。

そして、エイシンフラッシュがいた。

第77回ダービーのゲートが開くや、スタンドは大きくどよめいた。ハンソデバンドがバランスを崩し落馬寸前になっていた。そしてその二つ内の枠では、よりによってペルーサが出遅れていた。

最高のメンバーが揃うことと、その全馬が最高の走りをできるかどうかは、基本的に別の問題だ。それがあからさまな形で出たのが、このスタートだった。

だがそんな一面的な「最高のレース」への期待は、さらに裏切られてしまう。

アリゼオとシャインが引っ張る流れは、１０００メートル通過が61秒６、１マイルが１分41

秒1。超のつくスローペースとなってしまった。あまりの遅さに、先団の内を追走するヴィクトワールピサが折り合いに苦しむ。対象的に、そのすぐ後方で完璧に折り合っていたのがローズキングダムとエイシンフラッシュだった。

先に仕掛けたのはローズキングダムだった。直線で外に持ち出して追い出すと、素晴らしい反応を見せて残り200メートルで一瞬、先頭に立つ。最後方近くから、なりふり構わず大外を回ってきたペルーサも追いすがるが、さすがにこれでは脚が止まってしまう。最内ではヴィクトワールピサが最後の力を振り絞って馬群を割ろうとしている。だが、この超スローからの瞬発力勝負で、どの馬よりも鋭く伸びてきたのがエイシンフラッシュだった。

皐月賞でも僅差の3着に追い込んでいた同馬だが、それ以前に戦ってきた相手関係や、クビ差より離して勝ったことのない地味な戦績もあり、ダービーでは7番人気、ほとんど盲点のような存在だった。そんなエイシンフラッシュが、内からローズキングダムをあっという間に交わすと、そのまま力強い足取りでゴールを決め、第77代ダービー馬の座に輝いた。1枠1番を最大限に生かしたロスのない好騎乗と、それを可能にした折り合いの能力が、上がり3ハロン32秒7というまさに究極の末脚に繋がった形となった。

終わってみれば、結局のところ2歳時から世代をリードしてきた2頭を含む、皐月賞の上位馬による決着となった2010年のダービー。だが、史上稀に見るほどの世代の層の厚さを証明するはずだった新星たちは、たまたまここで特に強く作用してしまった「レースの綾」のようなものに敗れたともいえる。

このダービーが本当に「史上最高」のものだったのかどうかは、だからたぶん、まだ答えが出ていない。それは、エイシンフラッシュをはじめとした出走メンバーたちの、今後の走りによって初めて決まる。*もっと言えば、それはこの世代全体の、今後の走りによって決まってくる。

レースの前に僕たちが感じていた、あの熱い「空気」が紛れもない本物だったならば。「史上最高のダービー」の世代は、そのまま「史上最強世代」となっていくはずだ。

＊17頭の出走メンバー中、このダービー以降にGIを勝った馬はエイシンフラッシュ、ローズキングダム、ヴィクトワールピサ、ルーラーシップ、ヒルノダムールの5頭。

◇2010年

凱旋門賞

ワークフォース

父：King's Best　母：Soviet Moon（Sadler's Wells）

日本から参戦の皐月賞馬ヴィクトワールピサはニエル賞4着、宝塚記念でGⅠ初制覇のナカヤマフェスタはフォワ賞2着からそれぞれ本番へ挑む。地元フランス馬は、パリ大賞とニエル賞を連勝のベーカバド、仏二冠馬ロペデベガ、仏オークス馬サラフィナら3歳勢が中心。他国からも3歳の愛ダービー馬ケープブランコ、前年の愛ダービー馬フェイムアンドグローリー、凱旋門賞3年連続2着中のユームザインなど強豪が集まった。英ダービー圧勝のワークフォースは、キングジョージⅥ&クイーンエリザベスステークス大敗からの参戦となっていた。

競馬に国境はない、という言葉がもし何らかの真実を含むとしたら、それはたぶん、競馬は国境があるからこそ面白い、という状況を突きつめた先の、ごく限られた瞬間に訪れる奇跡のようなものだ。

２０１０年10月第1週の日曜日、午後4時5分。第89回を迎えた凱旋門賞のゲートには、地元フランスの馬8頭の他、イギリスの馬4頭、アイルランドから3頭、ドイツと日本から2頭ずつの計19頭（他にチェコの馬が1頭いたが取り消した）がまさに入ろうとしていた。雨続きのはずだった天気予報は不思議なことにこの日だけ外れ、空は朝から嘘のように晴れわたっていた。最高気温は季節外れの26度まで上昇し、着飾った紳士淑女は強い日射しに目を細め、それぞれの国の言葉でざわめきながら発走を待っていた。

この日は全9レース中8レースがGIで、凱旋門賞は第6レースに組まれていた。最初の長距離GIカドラン賞はフランスのゲントが勝ったが、アベイドロンシャン賞はイギリス馬ギルトエッジガールが大穴をあけた。第3レースの2歳牝馬GIも、アイルランドのエイダン・オブライエン厩舎のミスティフォーミーが一本被りのフランス馬を下して優勝。さらに次の2歳牡牝混合のGIを、やはりイギリスのウットンバセットが人気の地元馬2頭を抑えて勝利すると、会見ではフランス語と英語の通訳が「またまた私の出番です」という冗談を飛ばして笑いを誘った。だから、第5レースのラフォレ賞でフランスの至宝ゴルディコヴァが力強く抜け出し、イギリスのリチャード・ハノン厩舎勢を抑えてゴールした瞬間に巻き起こったものすごい歓声と拍手が、そんなフラストレーションが上乗せされたものであったとしても無理はなかった。

これから始まる凱旋門賞もまた、見事なまでに地元のトップホースと英愛の強豪の対決、という構図が描かれていた。一昨年のザルカヴァや昨年のシーザスターズのような王者が現れなかった2010年ヨーロッパ競馬を象徴する混戦、という点で大方のメディアの見解は一致したが、「ならば」と自国の馬にチャンスを見るあたりもまた、日本も含めた各国メディアやファンに共通した空気だった。

こうした混戦状態を招いた最大の要因が、英ダービーをコースレコードで圧勝したワークフォースが、次走のキングジョージⅥ＆クイーンエリザベスステークスで見せた不可解な惨敗だった。レースを観る限りでは折り合いの難しそうな馬で、そのあたりが敗因とも思えるが、マイケル・スタウト調教師は多くを語らず、おまけにワークフォースはその後、立て直しのため休養に入ってしまった。凱旋門賞は約2か月半ぶりの実戦で、その間、出否はずっと未定。調教でようやく満足のいく動きを見せて「グリーン・ライトが点灯した」のはレースのわずか3日前、木曜日のことだった。これでイギリスのメディアとファンは、一気に「我らがワークフォース、復活」へと傾いていった。

地元フランスが期待するのは3歳2騎、パリ大賞とトライアルのニエル賞をともにワンツーしたベーカバドとプラントゥールだった。特に両方で1着だったベーカバドは過去の傾向からも死角が少なく、イギリスでも日本でも「データならこの馬」と評価され、実際に当日は単勝5・5倍の1番人気に推されてもいた。

そのニエル賞で離れた4着に敗れたヴィクトワールピサは単勝28倍の12番人気、厩舎も騎手も11年前のエルコンドルパサーと同じで、フォワ賞2着のナカヤマフェスタでも27倍の11番人気と、日本から参戦した2頭の評価はともに現地では低かった。だが特に今年の凱旋門賞では、それはあまり意味のない数字だった。誰も、他国の馬について正確な判断ができる状況ではなかったのだ。そしてそれこそが「国境のある競馬」の面白さだった。

ゲートが開くと、飛び出したのは予想通り、プラントゥール陣営のペースメーカー、プヴォワールアブソリュだった。だが、スピードが乗らない。当日こそ晴れたものの、馬場は週中の雨により相当重く、軟らかくなっていて、それがこの先導役を苦しめていた。ペースは遅くなり、中団から後ろは団子状態となった。

こんな展開になった多頭数の凱旋門賞がラフなレースとなっていくことは、もはや必然だった。あちこちで馬体がぶつかり、弾かれ、大きなアクションで急ブレーキがかけられる。フォルスストレート（偽の直線）の終わりではナカヤマフェスタにも、ケープブランコに寄られて前が詰まる小さな不利があった。

最終コーナーで、ヴィクトワールピサはほとんど最後方から外へ。ワークフォースもまた、まだ後方、それもこちらは最内のラチ沿いに押し込まれていた。しかし直線に入るや、中団の外から追い出したナカヤマフェスタのすぐ内側に、ぽっかりと道が空いた。ワークフォースのライアン・ムーア騎手がレース後、「フォルスストレートではこれはまずいと焦りました。でも前が開くと、彼は頭を低くして素晴らしい加速を見せたんです」と振り返ったように、すかさずそこにワークフォースが馬体をねじ込む。残り４００メートル、２頭が馬体を併せて伸び始める。

残り３００メートルで、前のプラントゥールが外に斜行し、ここまでロスなく内で立ち回ってきたフェイムアンドグローリーをブロック。それらの外を、ワークフォースとナカヤマフェスタの２頭が、まさに風のようにまとめて抜き去っていった。

そこからの約20秒間、たぶん競馬に国境はなくなった。

フランスの競馬場で、イギリスのヒーローと日本のチャレンジャーが、必死に追う地元の牡牝の代表を引き離して繰り広げるマッチレースは、もはや言葉や理屈など追いつかない熱さを放っていた。

例えば日本のファンは、そこに11年前のエルコンドルパサーの走りを重ねることもできる。でもそうした単一の物語に回収して終わりにすることすら惜しくなるような、そんな本質的でダイナミックな熱がその光景には宿っていた。この間、ロンシャン競馬場のスタンドで観戦している４万５０００人の興奮は、ドーバー海峡の向こうで喉も裂けよとばかりに声を嗄《か》らしているイギリスのファンの叫びとも、そして７時間も時差のある日本で深夜、テレビやパソコンにかじりついている者の熱狂とも、完全に等価なものとなった。その瞬間、僕たちの間には、本当に国境はなくなっていたのだ。

内のワークフォースと外のナカヤマフェスタ。頭一つほどの差は最後まで覆らないまま、ついにゴールがやってきた。


勝者がスタンドの向こう側で華やかな歓声を浴びながらゆっくりとウイニングランをしている間に、敗者たちが続々とパドックへ帰ってきた。ナカヤマフェスタが戻ってくると、パドックにはその健闘を称えるアナウンスが流れ、拍手が起こった。下馬した蛯名正義騎手はインタビューされ、写真を撮られ、また別のカメラの前に立たされと、なかなかジョッキールームへ帰れない。その扱いは、とても敗者に対するものとは思えなかった。

やがてそこには勝者のワークフォースとムーア騎手が、多くのカメラマンを引き連れて戻ってきた。決して喜びを全身で表現するようなタイプではないムーア騎手は、しかしウイニングランの間、隠すことなく涙を流していて、それは「アイス・クール（氷のように冷静）」と評される若き天才騎手にとって、最大限に無防備な喜びの表現といえた。

名門ジャドモントファームを有するオーナーブリーダー、カリド・アブデュラ殿下は、レインボウクエスト、ダンシングブレーヴ、レイルリンクに続く4勝目。

世界の主要な大レースをほとんど制しているスタウト調教師にとっては、じつは凱旋門賞はほとんど唯一、欠けていたタイトルだった。ピルサドスキーで96、97年と二度の2着があり、シャーラスタニ、ノースライト、クリスキンなど英ダービー馬で何度挑んでも勝てなかったレースについに勝てた喜びを、スタウト調教師は次のように表現している。

「野心を持った調教師なら、誰だって凱旋門賞を勝ちたいものです」

凱旋門賞を勝ちたいと思っているのは日本人だけではない。そんな単純な事実を、僕たちはつい忘れがちかもしれない。

レースは審議になっていたが、勝ち馬は無関係なのでセレモニーはどんどん進んでいった。やがて表彰式も終わり、次のレースが始まる頃、長い審議が終わってスーツ姿の蛯名騎手がジョッキールームから出てきた。結局、7位入線のプラントゥールが失格、8位のヴィクトワールピサが繰り上がって7着となった。

さっそく、観客が行き交うエリアの片隅で日本のマスコミによる囲み取材が行われた。その終わり際、空のシャンパングラスを手にした気のよさそうな青年が蛯名騎手に握手を求めるように割り込んできて、フランス語と片言の英語で何事かまくし立てた。「I vote you（俺はお前に賭けてたよ）」と「Nice fight!（ナイス・ファイトだった！）」という言葉が聞き取れた。記者の一人が「こいつ、相当馬券取ったんだな」と言い、みんなが頷いて笑った。

会見はそれで終わり、蛯名騎手はその場を去った。マスコミも散った。ぽつんと取り残された青年は、しかしまだ、まるで自分に言い聞かせるように小さく頷きながら「Nice fight……」と繰り返していた。その目は少し赤く、潤んでいた。

人が本当に激しく心を動かされたとき、そのことを誰かに伝えたくて仕方なくなる気持ちに、国境なんてない。競馬に国境はない、という言葉がもし何らかの真実を含むとしたら、たぶんそれは、そういう場所にあるんじゃないだろうか？

ロンシャンの陽はゆっくりと暮れてゆき、馬も人も、あとはそれぞれの国へと帰るだけとなった。でもたぶん、誰もがあの20秒間を求めて、今後も海を渡ろうとし続けるのだ。来年も、再来年も。

GⅠ戦記 Ⅱ

2011

ドバイWC	ヴィクトワールピサ
日本ダービー	オルフェーヴル

2012

日本ダービー	ディープブリランテ
エリザベス女王杯	レインボーダリア
ジャパンC	ジェンティルドンナ

2013

日本ダービー	キズナ
マイルCS	トーセンラー

2011年

ドバイWC

ヴィクトワールピサ

父：ネオユニヴァース　母：ホワイトウォーターアフェア（Machiavellian）

ヴィクトワールピサは中山記念勝ち、トランセンドはフェブラリーステークス勝ちからの参戦。ブエナビスタは、前年は芝のドバイシーマクラシックに出走し2着だった。海外勢で最も注目を集めたのは英国の古豪トワイスオーヴァー。エクリプスステークス勝ちや英チャンピオンステークス連覇など2000メートルが得意で、現地の前哨戦を勝利してオールウェザーへの適性も証明していた。他、愛ダービー馬ケープブランコ、米国のGI6勝馬で前年4着のジオポンティなどが有力視されていた。

夜になって風は止んでいたけれど、この日、ドバイを襲った砂嵐が運んできた微細な粒子がナイターの照明を乱反射し、漆黒の闇に奇妙な靄のような膜をかけていた。アラビア語、英語、日本語がでたらめに入り混じった喧噪が、祝祭的なテンションの高さで頭を痺れさせる。気温は30度前後。動くと汗が滲む。ふと、ここから8000キロ離れた場所には未曾有の災害に苦しみ、暗く重たい気持ちで夜を過ごしている人が大勢いるということが、現実のことなのかどうかわからなくなりそうになる。メイダン競馬場に舞台を移して2年目となるドバイワールドカップデーは、現地時間の夜9時半を回り、いよいよフィナーレを迎えようとしていた。

喧噪は最後のレースであるワールドカップのゲートが開くと歓声に変わり、歓声は、馬群が4コーナーを回ると絶叫に変わった。トランセンドをヴィクトワールピサがわずかに交わし、見慣れた二つの勝負服がその形で重なったまま、目の前に迫ってくる。後ろにはゴドルフィンのモンテロッソとエイダン・オブライエン厩舎のケープブランコがいて、遅れて大外をアメリカのジオポンティが通過していく。

あと数秒で、すごいことが起きようとしていた。でもそれが何なのか、この一瞬で正確に理解することは不可能だった。ドバイワールドカップをついに日本の馬が勝つということ。それどころかワンツーフィニッシュを決めてしまうということ。あるいは8000キロ彼方からの応援が本当に届いてしまう奇跡。逆に、8000キロ離れた場所へ、今まさに強烈なメッセージが発信される瞬間を目撃しているという奇跡。それらのすべてが同時に起きていて、どこに心の焦点を合わせたらいいのか、すぐにはわからなくなっていた。

ゴールラインを過ぎると、ミルコ・デムーロ騎手は鞭を持った右手を挙げてガッツポーズを作り、胸の奥から何かを絞り出すように叫んだ。右腕には黒い喪章がたなびいている。隣に並んできたトランセンドの藤田伸二騎手の肩に手をかけると、藤田騎手も手を伸ばし返した。

パドックでは、市川義美オーナーの一行が歓喜の声を上げて抱き合っていた。現地のテレビカメラがそこに寄る。その側で、ふと顔を上げて周囲を見わたすと、そこには人種も国籍も、勝者と敗者の垣根も越えた何百、何千もの笑顔があった。

2011年のドバイワールドカップデーに出走する日本馬は5頭いたが、うちレーザーバレット（3月17日に出発）を除くヴィクトワールピサ、トランセンド、ブエナビスタ、ルーラーシップの4頭は、3月9日に日本を発った。日本を大地震が襲ったのは、その2日後のことだった。

現地の日本馬の厩舎スタッフたちは、日本の国旗と「HOPE」（希望）という言葉がプリントされたポロシャツを作り、15日の調教から揃って着用した。もちろん、遠く母国を離れたままのスタッフたち自身にも不安や心配がないはずがなかったし、日本でも、例えば角居勝彦調教師でさえ「正直、はたしてこんな時に競馬をやっていていいんだろうかと考えた」という。誰もが、ギリギリのところで自分のモチベーションをあらためて問い直す作業を行った。「チーム・ニッポン」という呼び方やムードは、そんな中から自然と生まれ、醸成されていった。

5頭のうち3頭は同じレースで戦う、本来なら敵同士だった。でありながら、ライバル心と連帯感が、信じられないほど絶妙なバランスの上に両立していた。

メイダン競馬場のトラックを覆うAW（オールウェザー）の人工素材タペタへの適性は、日本の芝馬、ダート馬に限らず、多くの国の有力馬にとって未知の要素となっていた*。今年、ブックメーカーで最も人気を集めていたイギリスのトワイスオーヴァーは、昨年10着と大きく期待を裏切ったが、今年は同じコースの前哨戦マクトゥームチャレンジラウンドⅢを快勝して臨んでいた。レース前日の共同会見でヘンリー・セシル調教師は、蹄鉄を替えたことが奏功した、と胸を張ったが、欧米の記者たちはそれでもまだ半信半疑な様子で、タペタへの適性について厳しく、執拗に質問を繰り返していた。

レース当日、そのタペタには午前中から水が撒《ま》かれていた。昼間の35度を超える気温の中で、ワックスがまぶされたタペタは真夏のビーチのように熱くなる。散水はその温度を下げるためになされるが、それだけ水を撒いても第1レース、アラブのGⅠカハイラクラシックの馬場状態は「スタンダード」だった。オリビエ・ペリエ騎手がこれを制して、2011年ドバイワールドカップデーは幕を開けた。

この日のタペタはずいぶん時計がかかっていた。ゴドルフィンマイルも、それから日本のレーザーバレットが出走して9着に敗れた1900メートルのUAEダービーも、昨年より1秒以上遅いタイムで決着した。昨年2着の強豪ロケットマンがぐいっと抜け出し、シンガポール馬初の国際GⅠ制覇となった1200メートル戦ゴールデンシャヒーンも、タイムは昨年の勝ち馬より0秒4近く遅い1分11秒28だった。力の要る今年のタペタは追い込みが決まりにくく、かといって逃げた馬も思うように後続を突き放せていなかった。

派手なショータイムを挟んで行われた芝2410メートルのシーマクラシックで日本のルーラーシップが逃げて6着に沈み、ランフランコ・デットーリ騎手がリワイルディングでこの日2勝目を挙げると、いよいよ次が最後のワールドカップだった。

パドックに現れた日本の3頭は、3頭とも素晴らしい状態に見えた。いずれも集中して、心持ち、速いピッチで周回している。スタッフの仕事は完璧だった。

ゲートが開くと、外からトランセンドがぐいぐいと前に出て先頭に立った。それは自分のやれることをやる、という意志の、これ以上なく力強い表現だった。

逆に、ヴィクトワールピサは出遅れていた。デムーロ騎手によると、ゲートが日本より狭く、開いた瞬間に頭をぶつけたということだったが、見ている方にはわからない。予定通りといった感じで後方に下げたブエナビスタのさらに後ろ、最後方をヴィクトワールピサが進む光景に、日本人たちから悲痛な声が漏れる。

向正面に入ると、大型ビジョンに首をおかしな感じで内側に曲げながら先頭を走るトランセンドの姿が大写しになった。斜め前を走る車の、車載カメラを気にしてしまったのだという。安田隆行調教師はすぐにわかったというが、見ている大半の者はわからない。何が起きているのかとざわついていると、なんと今度はいつの間にか、大外を通ってヴィクトワールピサが一気に上がってきていた。

驚きの行動だった。デムーロ騎手はペースが遅いと感じたので動いた、という。実際、最初の600メートルは39秒64、1000メートル1分6秒42という超スローペースだった。でも、そんなふうに冷静に観戦できている者などほとんどいなかった。角居調教師ですら、出遅れと一気のマクりに「内心ハラハラドキドキでした」と語った。日本人はみんな同じ気持ちだった。

2頭の日本馬が並んで先頭に立ち、馬群はペースを上げていく。レースは典型的な上がり勝負となった。4コーナー、ブエナビスタは後方で前が壁になり、行き場を失っている。万事休す。残り300メートルでヴィクトワールピサがトランセンドをわずかに交わす。直後の外国馬たちとの差が、詰まりそうで詰まらない。そのまま平行移動するように残り200メートル。100メートル。あと数秒で、ものすごいことが起きようとしていた。

そしてそれは本当に起こったのだった。

間違いなく世界最高峰の一つである場所で、日本の有馬記念馬とフェブラリーステークス勝ち馬が競り合ったという事実を、僕たちはもっと誇っていい。もしかしたらそれは「時計のかかるタペタ」という特定の条件下でしかかからない魔法のようなものかもしれないけれど、でものことは、僕たちが自分たちのチャンピオンを選ぶやり方が間違っていなかったということの、確かな証明なのだ。

それはたぶん、競馬という小さなジャンルの中だけの話ではなかった。2011年ドバイワールドカップのゴールシーンが示したのは、もっと広い意味で、僕たち日本人がこれまでやってきたことは間違いではないということ、そして僕たちがこれから未来に向かって成すであろうことに対しても、自信と誇りを持っていいんだという、励ましのようなものだった。

だからこそ僕たちは、こんなにも競馬を愛しているのだ。

すべてのレースとセレモニーが終わり、観客が帰り始めると、メイダン競馬場には盛大な花火が打ち上げられた。その轟音をバックに、ヴィクトワールピサの関係者たちは記念撮影をして、万歳三唱をして、一本締めをして、それでもまだウイナーズサークルでの歓喜の輪を崩さない。このハッピーな空気が、8000キロの彼方へ届きますように。砂嵐にけむる夜空に咲いたいくつもの大輪の花を眺めながら、心からそう思った。

＊メイダン競馬場では2010年から2014年までの5年間、オールウェザーが採用されたのち、2015年からは再びダートに戻されている。

close-up

2011年

日本ダービー

オルフェーヴル

父：ステイゴールド　母：オリエンタルアート（メジロマックイーン）

直線、残り300メートル過ぎ。サダムパテックとナカヤマナイトの間の狭い隙間をこじ開けるように抜け出してきたオルフェーヴルの顔は、そこまでずっと被り続けてきた泥で真っ黒になっていた。あの赤く輝く栗毛に白ペンキを流したような、目にも鮮やかな流星はすっかり泥に覆われていて、抜け出したのがどの馬なのか、すぐにはわからないくらいだった。

その顔を見てふと、オルフェーヴルに離乳後の中期育成を施した早来ファームの清水大《ふとし》氏が、オルフェーヴルはものすごくお母さん似なんだと、写真を見せて教えてくれたことを思い出した。ダービー前の取材で訪れたときのことだが、今は母そっくりのその顔も、他の馬と判別がつかないくらい汚れてしまっていた。

そういえば清水氏は、面長なところは母の父メジロマックイーンに似たんじゃないか、とも言っていた。マックイーンも91年天皇賞・秋で、降着にこそなったけれど、不良馬場をものともしない走りでぶっちぎりの1位入線を果たしている。その映像の記憶が、目の前で後続を引き離していくオルフェーヴルの姿に重なる。

生産牧場である白老ファームの石垣節雄氏もやはり、顔をはじめ姿かたちはお母さんそっくりだと言っていた。白目を剥《む》いたような三白眼は、これは父ステイゴールドや全兄ドリームジャーニーと同じ。そして金色の尻尾は、ステイゴールドの母のゴールデンサッシュから来ているんじゃないか、とも言っていた。「ということはですよ」と石垣氏は笑って続けた。「これってサッカーボーイってことなんじゃないかな、と思うんです」。

ステイゴールドの母ゴールデンサッシュは名馬サッカーボーイの全妹で、どちらも美しい金髪の尻尾の持ち主だった。

「そうやっていろんな血の影響がモザイクみたいに出た、面白い馬です」

石垣氏はオルフェーヴルをそう評するが、本当に重要なのは、それらのモザイクのパーツが白老ファームの血を核として組み上げられていることだった。

いや、正確には93年以前に生まれた馬は「白老ファーム」ではなく「社台ファーム白老牧場」の生産ということになる。サッカーボーイとゴールデンサッシュの兄妹がそうで、94年産のステイゴールドや97年産のオリエンタルアートがオルフェーヴルと同じ「白老ファーム」生産馬だ（さらに細かく言えば04年からは「白老ファーム」から「社台コーポレーション白老ファーム」へと名前が変わった）。

名称の変化はそのまま牧場の歴史となる。オルフェーヴルの血には、父方にも母方にもそんな牧場のアイデンティティーのようなものが詰まっている。ある意味、これほど白老ファーム生産馬の典型のような馬はちょっといないのだ。

社台ファーム白老の時代から、白老ファームはゼンノロブロイなど何頭もの馬をダービーに送り込んできた。だが、勝利した馬はいなかった。ただ1番人気になった馬は、オルフェーヴルの前に1頭だけいた。88年のことで、その馬もオルフェーヴルと同じ金色の尾を持っていた。

それが、サッカーボーイだった。


今は亡き吉田善哉氏が北海道に社台ファームを開いたのは1958年のことで、その場所こそ、まさに現在の白老ファームだった。いわば白老ファームは、社台グループの北海道における原点なのだ。

だがその後、吉田善哉氏はさらに馬産に適した土地を求め、67年に社台ファーム早来（現・ノーザンファーム）を、71年に社台ファーム千歳（現・社台ファーム）を開設する。こうなると当然、良質の繁殖牝馬は新しい牧場に集められていくことになる。吉田善哉氏自身、当時はスタッフの前で各牧場の繁殖牝馬レベルを「千歳は大リーグ、早来はプロ野球、白老は高校野球」と表現したという。

そんな中でも社台ファーム白老からはニチドウタロー（80年天皇賞・春）、ダイナカール（83年オークス）、スクラムダイナ（84年朝日杯3歳ステークス）、ダイナコスモス（86年皐月賞）といった活躍馬が出た。サッカーボーイはその白眉だった。

9戦未勝利で繁殖に上がったノーザンテースト牝馬のダイナサッシュと輸入種牡馬ディクタスとの間に生まれたサッカーボーイは、コンパクトな栃栗毛の馬体から長く伸びた金色の尻尾が印象的な、天才肌の名馬だった。気性の激しさを転化したような爆発的な末脚でGIの阪神3歳ステークスを8馬身差で圧勝するなど早くから活躍し、88年ダービーでは皐月賞馬ヤエノムテキや朝日杯3歳ステークス勝ち馬サクラチヨノオーを抑えて1番人気に推された。

このダービーには同じ社台ファーム白老産で、父ディクタス、母の父ノーザンテーストという配合まで同じディクターランドも出走していた。2頭出し、というわけだ。ディクターランドは皐月賞で後方から追い込み2着に入っていた。

あれから23年。白老ファームは再び、生産馬のオルフェーヴルをダービーに1番人気馬として送り出すこととなったのだ。しかも今度は3頭出しだった。フェイトフルウォーは、父ステイゴールドも母の父メジロマックイーンもオルフェーヴルと同じ配合だった。サダムパテックは、前走の皐月賞で追い込んで2着だった。奇しくも、なんて軽い言葉で適当に処理するのがもったいなくなるような、不思議な偶然の力がそこには働いていた。

88年。サッカーボーイは15着に敗れた。ディクターランドは18着だった。


93年に吉田善哉氏が没すると、翌年、社台ファームは分社化され、後に社台ファーム、ノーザンファーム、追分ファームの三つに分かれることとなった。そして三者が共同経営するという特殊な形で、社台ファーム白老は「白老ファーム」として緩やかな独自路線を歩み始めた。

もともとグループ内の末席的な存在だったことや、あるいは自前の育成施設を持たず、調教育成は社台ファームやノーザンファーム空港に馬を預けて行うなど、独立独歩の方向へと進んできた社台、ノーザン、追分の各ファームとは異なる位置づけの白老ファームだが、しかし基本的には別会社で、ライバル牧場としてそれらと戦っていかなければならない。そんな中で育まれていったのが独自の血脈、「白老血統」とでも呼ぶべきものだった。

サッカーボーイの全妹ゴールデンサッシュは、やはり栗毛の馬体に金色の尾を持つ小柄な馬だった。そのゴールデンサッシュにサンデーサイレンスを配合したのがステイゴールドだ。生まれたのは94年、分社化の年で、つまり新生・白老ファーム1年目の生産馬だった。

小さな体と激しい気性で、ある意味サッカーボーイを連想させる特徴を備えたステイゴールドは7歳一杯まで走り、社台ファームやノーザンファーム生産の名馬たちとは違い、社台スタリオンステーションではなく日高で種牡馬入りした。産駒初のGI制覇は06年、オルフェーヴルの全兄ドリームジャーニーによる朝日杯フューチュリティステークス勝ちだった。

白老ファームの石垣氏は、ステイのことは自分たちがいちばんよくわかっている、活躍馬はぜひここから出すんだという強い思いがある、と話してくれた。ナカヤマフェスタの凱旋門賞2着にも、ああ、こういう馬を白老ファームから出したかった、と心から思ったという。

そして2011年春、ついにステイの仔で、「白老血統」でダービー馬を出すチャンスが巡ってきたのだった。

早来ファームの清水氏は、勝つかどうかは時の運だけど、1番人気として出走できることは胸を張りたいと思った、と振り返る。前日の夜には、東京で早来ファーム事務局の細田直裕氏と白老ファームのスタッフと食事をして、そこでダービーに本命馬を含む3頭も出せることへの感激の気持ちを語り合ったのだという。

サッカーボーイから23年。白老の血は再びダービーで1番人気に推され、そして今度こそ、圧倒的な強さで勝利した。

石垣氏は「ステイとマックイーンという、ある意味ではどこにでも、小さな牧場にでもできそうな配合でこういう馬が出たことは、きっと生産界全体の励みになるんじゃないかと思います」と言う。

早来ファームの細田氏は「白老の土を踏んだ父と母から生まれた馬でダービーを獲れたということが、本当に嬉しい」と声を弾ませた。白老の土、という言葉に、字面の組み合わせのゲームでは決してない、生きた血統の力を感じた。

清水氏が、ぽつりと言った。

「ダービーを勝って、これでようやくオルフェーヴルはどの馬に似ているとかじゃなくて、オルフェーヴルになれたんだと思います」

受け継がれてきたものがあって、その上にまた、新しく歴史が作られていく。

白老ファームの歴史もまた、ここから新しい章が始まるのだ、きっと。

2012年

日本ダービー

ディープブリランテ

父：ディープインパクト　母：ラヴアンドバブルズ（Loup Sauvage）

稍重の発表以上に荒れた馬場が勝敗を分けた皐月賞は、1着ゴールドシップ、2着ワールドエース、3着ディープブリランテという結果に。舞台がガラリと変わるダービーは、これらの有力馬に青葉賞を完勝のフェノーメノ、京都新聞杯を日本レコードで制したトーセンホマレボシらが挑む構図となった。

2009年に生まれた7572頭のサラブレッドの中でいちばん強いのはどの馬なのか頭を悩ませることは、僕たちにとっては年に一度の楽しみで、その流儀はもちろん競馬ファンの数だけあるわけだけれど、でも今年の場合、おそらくその多くが出発点のあたりで躓いて、なかなか先に進めずにいたのではないだろうか。出発点とはつまり、ゴールドシップとワールドエースの比較のことなのだが。

要するに、皐月賞を最後方から差し切って勝った馬と、後方2番手から差して届かず、2着に敗れた馬だ。でも、そんなに簡単に話が済めば誰も苦労はしない。

2012年春の中山開催は、まるで誰かが作った予定表に基づいてでもいるみたいに、きっちり週末ごとに雨に祟られた。稍重の発表以上に力の要る馬場になった開催最終日の皐月賞で、芝の傷んだ内側を避けて馬群が外を回る中、ショートカットするようにその荒れたインを強引に突いた勝ち馬と、行儀よくはるか大外をぐるっと回って追い込んだ2着馬。タフな舞台で、しかもほとんど別々のレースを走ったような2頭が、今度はレコードさえ出かねない――実際、

1週前には芝1400メートル戦でコースレコードが記録されていた——馬場で再び戦う。つまり、ほとんど初対決みたいなものなのだ。

でも、比較が困難な本当の理由は、たぶんもっと別のところにあった。2頭の走りの、タイプそのものの違いだ。

斧を振り下ろして丸太をぶった切るようなゴールドシップの末脚と、鋭利なカッターを紙に当てて引くようなワールドエースの斬れ味。質の違いが、量の比較に必要な前提を作らせてくれないのだ。

例えば内田博幸騎手と福永祐一騎手への取材記事をいくら読んでも、その点では根本的な解決にはならなかった。そこでわかるのは、同じ差し馬に見えるこの2頭の強さがじつは異なる種類のもので、鞍上はそれぞれ、そのレベルがダービー馬にふさわしい高みに達しているはずだと信じている、ということだけだった。

また2頭のタイプの違いは、ステイゴールド対ディープインパクトという、種牡馬代理戦争の構図にもよく当てはまった。ステイ2頭、ディープ7頭と、ダービー出走馬のちょうど半分がこの両産駒で占められたという数字以上に、奔放なステイ産駒と優等生のディープ産駒というわかりやすいテーマは魅力的に映った。

あるいはそこに、日高の小さな牧場が社台グループの大牧場に挑む、というストーリーを読む者もいた。いずれにせよ、イメージの対比が鮮やかなほど、冷静に能力を比較することは難しい。そして、これはあくまでも出発点にすぎないのだ。ダービーは2頭だけで走るわけじゃない。

２０１２年5月27日、東京競馬場。晴れ渡った空のもと、僕たちの年に一度の楽しみの、その答えが出ようとしていた。

ぎっしりと幾重にもパドックを取り巻き、静かな熱気を放つ観客の視線が、痛いほどの鋭さで2頭に集まっていく。

6番ゴールドシップ。間にコスモオオゾラを挟み、8番ワールドエース。6番、ひとつ置いて8番。6、7、8。自然発生的なリズムのようなものがパドックの外を波のように移動していくのがわかる。

大股で、少し気合いが足りないんじゃないかと心配になるくらいゆったりと歩くゴールドシップ。逆に、気が急《せ》いているかのようにぐいぐいと速いピッチで周回していくワールドエース。対照的な2頭は、やはりパドックでも単純な比較を拒むかのように対照的なままだった。

賞金順で18番目、ギリギリの滑り込みで出走を叶えたゼロスが、入れ込み気味の仕草を見せる。皐月賞と同様、逃げて乱ペースを演出する予感が濃厚に漂う。

そうやって見ると、テンションの高い馬は他にも目についた。アルフレードやコスモオオゾラ、スピルバーグもだ。グランデッツァまでが頭を振り上げ、まるで古馬のように悠然と落ち着き払っていた皐月賞時とは別馬のような姿を見せている。京都新聞杯をレコード勝ちしたスピードを活かすべく、前へ行っての粘り込みが予想されるトーセンホマレボシも凄い気合い乗りで、期待を裏切らない走りが見られそうなムードを醸している。

その従兄弟にあたるヒストリカルは、関東への輸送がこたえたか、馬体重が過去最低の426キロにまで減っていた。逆にベールドインパクトは筋肉量が豊富で、488キロの数字以上に大きく見せている。

馬体ということなら、フェノーメノの動きの柔らかさは18頭の中でも一、二を争っていた。消耗の激しいレースとなった皐月賞を結果的にパスし、青葉賞までじっくり準備できたことがいい方に出ていることが一目でわかる仕上がりだった。

単勝オッズはワールドエースが2・5倍で1番人気、ゴールドシップが3・1倍で続く「二強」状態となっていた。皐月賞から逆転があるというのが、必死に考えた末に僕たちが出したとりあえずの解答だった。その次、8・5倍と離れた3番人気がディープブリランテだった。

時折、遊ぶような仕草を見せながら、楽しそうにのんびりとパドックを周回しているこのディープブリランテもまた、「二強」とはまた違った意味で、このダービーでいったいどんな走りを見せることができるのか、僕たちがいくら考えてもわからない部分を持っている馬だった。

合図がかかって各馬に騎手が跨り、やがて順番にパドックを出ていく。先回りして、地下馬道の途中で本馬場へと向かう出走馬たちを眺めていると、緊張感で息苦しささえ覚える空気を破って、よーし、よーしというような声が聞こえてきた。思わず見ると、それはディープブリランテの鞍上で、岩田康誠騎手がパートナーをなだめている声だった。


ゲートが開くと、予想通りゼロスが勢いよく飛び出した。ディープブリランテがそれに続く。持って生まれたスピードと前向きな性格という「才能」は、またしても器からこぼれてしまうのか。

1コーナーへ。ディープブリランテが頭を上げかける。共同通信杯も、スプリングステークスも、皐月賞もそうだった。圧勝した東京スポーツ杯2歳ステークスでさえもだ。鞍上と鞍下の間に短く、しかし濃密な対話が交わされる。ゼロスの後ろに潜り込む。外からトーセンホマレボシが交わしていき、クラレントが並びかけてくる。大丈夫。掛かってはいない。

答えが出た瞬間だった。

騎乗停止期間を利用した、主戦騎手と愛馬の3週間にわたるコミュニケーションの深化。そんなほとんど異例ともいえる要望を受け入れ、人馬を正しい方向へと導いた矢作芳人調教師。

努力や工夫といった言葉さえありきたりに感じられる熱血調教物語の結末に、それはあまりにもふさわしいレースだった。

ハイペースで後続を引き離して逃げたゼロスとトーセンホマレボシを、3番手を進んでいたディープブリランテがついに直線で捉える。残り200メートル。右手が手綱を押し、左手が鞭を振るう。全身を大きく波打たせ、鞍下に推進力を与える。

大丈夫。燃えすぎる気性の、いちばんの課題だったレース序盤を、ちゃんと呼吸を合わせて乗り切ったのだ。止まるわけがない。止まらせるわけにはいかない。

離れた外から、フェノーメノが追い上げてくる。2頭が並び、重なる寸前。そこが、栄光のゴールだった。

ウイニングランもできず、ただ馬上に突っ伏し、男泣きに泣く岩田騎手。降り注ぐ地鳴りのような「岩田」コール。

第79代ダービー馬の、誕生だった。


ワールドエースとゴールドシップは、どちらも自分の型通り、後方からレースを進めた。直線ではよく伸びていた。他のどの馬よりも、だ。上がり3ハロンだけなら、2頭並んでメンバー中最速だった。でも、着順は4着と5着。その差がわずかにクビだったことは、あるいは僕たちがこの2頭の比較に膨大なエネルギーを費やしたこと自体は間違っていなかったことの、証明ともいえるかもしれない。

ともかく、先行して抜け出した馬がダービー史上3番目に速い2分23秒8で勝利するようなこの日の東京コースでは、そこまでだったということだ。

レースが終わり、大勢のメディアの前で岩田騎手と矢作調教師がディープブリランテの気性の課題を克服していった過程について話すのを見ていて、ああ、これは昨年のオルフェーヴルと同じじゃないか、とふいに思った。

昨年のダービー馬オルフェーヴルも、レースにおいて何度か気性の課題を露呈していて、そしてそれを克服するための陣営の努力がずいぶんとクローズアップされた馬だった。

2年連続でこうしたタイプのダービー馬が誕生したことの、どこまでが偶然で、どこまでが必然的なトレンドなのか。それはわからないけれど、いずれにしても、そうしたレースが、見る者に何かを克服する勇気みたいなものを生むのだとしたら。それは悪い話じゃないと思う。

2012年 エリザベス女王杯

レインボーダリア

父：ブライアンズタイム　母：アローム（ノーザンテースト）

中心的存在のアパパネが9月に屈腱炎で引退し、古牝馬路線は一気に混沌と化していた。札幌記念のフミノイマージンやヴィクトリアマイルの覇者ホエールキャプチャを抑えて断然の1番人気に推されたのは、3歳のヴィルシーナ。桜花賞、オークス、ローズステークス、秋華賞とすべてジェンティルドンナの2着。そのジェンティルドンナがジャパンカップへ向かったため不在のここは、まさに負けられない一戦だった。

エリザベス女王杯のレース後の記者会見で、まずは今のお気持ちを、と訊かれた二ノ宮敬宇調教師は、どういうふうに話そうか頭の中で整理するように少し言葉を探してから、レインボーダリアのオーナー夫妻について話し始めた。

夫妻が長い間、それぞれの所有で馬主として楽しんでこられたこと。その夫の田中八郎氏が2年前に亡くなったこと。残された馬は奥様の田中由子氏の名義に変え、もともとの奥様の持ち馬と同様に、少しずつ引退させていること。そうして、現在は奥様の所有馬は残り2頭だけになったこと。そのうちの1頭がレインボーダリアだということ。そして、そういう馬でGI

を勝てて本当に嬉しいということを、二ノ宮調教師は訥々と話した。

大レースを勝った馬のオーナーが注目され、称えられるのは、もちろん当然のことだ。でも、長い間僕たちファンを楽しませてくれた個人オーナーの、その熱意と愛情がこういった形で報われたというのは、いかにも今年のエリザベス女王杯の結末としてふさわしいことだったんじゃないだろうか。二ノ宮調教師の表情を見ていると、そんな思いが強く湧いた。

今年のエリザベス女王杯は、女王の即位60年記念競走として行われた。競馬の発祥と発展に深い関わりのある英国王室においても、特にエリザベス女王の競馬への愛は格別なものがあって、ご自身もオーナーブリーダーとして数々の名馬を生産し、走らせてきた。

京都競馬場では、その歴史をまとめたパネルや、記念競走施行にあたり女王より賜った親書、勝負服のレプリカなどを展示した「エリザベス女王と競馬」展や、アスコット競馬場の展示、英国風紅茶教室、英国フードコーナーなど、本当にさまざまな記念イベントが用意され、来場者を楽しませていた。レース当日の昼休みには英日両国の国歌斉唱と、そして親書とその日本語訳の朗読も行われた。

そんなレースで、やはり深い愛情とともに長く馬主を続けてきた女性オーナーの馬が勝利したのは、たぶん偶然じゃない。そんな気がした。

朝から降り続いた雨も味方したというのは、二ノ宮調教師も認めるところだった。洋芝での良績や、出走メンバーで唯一、芝の重馬場で勝利があるという事実は、速さや切れ味よりパワーとしぶとさが求められる馬場は同馬の得意とするところだということを示していた。柴田善臣騎手は返し馬の感触で、これは重馬場は上手だ、こなせると確信した、という。

ちなみにエリザベス女王杯は、80年の第5回以降、32年連続で良馬場で行われていた。また、雨の中で行われるのは37回目にして、これが初のことだった。

雨足はスタートが近づくといっそう強まり、サーッという間断ない音と、白く煙ったような視界の中でゲートが開いた。

レジェンドブルーが引っ張り、淡々と流れたレースは、3コーナーから一気に激流となった。エリンコートが後方からマクって進出すると、3番手を進んでいたオールザットジャズもそれにつられたかのように仕掛け、4コーナー手前では早くも並んで先頭に立ち、直線に入る。

一方、4番手にいたヴィルシーナは、内田博幸騎手の激しいアクションにもかかわらず反応が鈍く、この動きについていけない。直線を向いてようやく外からじわじわ伸び始めたが、そのときにはもう、すごい勢いで後方から上がってきたレインボーダリアが横に並びかけていた。

傍からは叩き合いに見えた。しかし柴田騎手は「いや、勢いは上でした」と振り返り、内田騎手は「すごくいい脚で伸びてこられた」と脱帽した。クビ差は、よくある表現を用いれば、どこまでいっても縮まらない、永遠のクビ差だった。

牝馬三冠に続き、なんとGIで4連続2着となったヴィルシーナは、内田騎手の「馬場は言い訳にならない」という言葉が、逆にそれが決してプラスではなかったことを物語っていた。エリンコートの早めの仕掛けで、先行した馬には展開が厳しくなったのも響いた。

レインボーダリアについて二ノ宮調教師は、これまで北海道や関西などあちこちで走ってきて、そういう経験の中で少しずつ力を付けてきてくれた、と語った。

タフな馬場や、厳しい展開の中で力を発揮するために必要なものの一つが、その「経験」なのだとしたら。まだ3歳のヴィルシーナに少しだけ足りず、逆にこれが28戦目となる5歳のレインボーダリアがたくさん持っていた、その宝物こそが、まさに勝者と敗者を分けた。そういうことだったんじゃないだろうか。

2012年

ジャパンC

ジェンティルドンナ

父：ディープインパクト　母：ドナブリーニ（Bertolini）

オルフェーヴルとジェンティルドンナという1歳違いの牡牝の「三冠馬」対決以外にも、このレースには注目ポイントがいくつもあった。凱旋門賞馬ソレミアの参戦はその一つで、オルフェーヴルにとってこのレースは「ホーム」でのリベンジマッチでもあった。またエイシンフラッシュが前走で制した天皇賞・秋は、天皇皇后両陛下の行幸啓を賜った7年ぶりの天覧競馬。ミルコ・デムーロ騎手がスタンド前で下馬して行った最敬礼のシーンは大きな話題となった。

２０１２年ジャパンカップにおいて僕たちが体験したものが何だったのか、一言で言い表すのはひどく難しい。

これほど激しく際どい接触プレーを、こんな大舞台で見ること自体が、まず稀なのだ。しかもそれによってファイトをやめる馬が出たり、あるいはレースが致命的に壊れてしまったりすることもなく、むしろさらに闘志をかき立てられたように競り合いはヒートアップの度を増した。こんなレース、そうあるものじゃない。

そして何より、そうやってぶつかり合いながら他の馬たちを後方に置き去りにしたのは、史上初めて同じレースで対決することとなった、牡牝それぞれの「三冠馬」の称号を持つ2頭なのだ。

興奮や感動といったシンプルな言葉で表せるものは、もちろん胸に残った。でもそれ以上に、「三冠馬」はやっぱり他のどの馬よりも強いんだという圧倒的な事実を目の当たりにできたことによる、深い充足感のようなものこそ、僕たちがこのジャパンカップで得たものの中で最も大きなものだといえるんじゃないだろうか。

この史上初の牡牝三冠馬対決、戦前の主役はオルフェーヴルの方だった。単勝2・0倍の1番人気。前走の凱旋門賞は2着に敗れたが、直線で見せた瞬発力は世界中のホースマンの度胆を抜いた。気性面からの「やらかし」さえなければ、凱旋門賞で不覚を取ったソレミアはもちろん、少なくとも日本馬には負けるはずがない。そんなムードだった。

ただし、体調は万全というわけではなかった。池江泰寿調教師によれば、フランスからの輸送で馬体重が減ってしまい、それを戻しながらの調整だったという。

「正直、あと1週あれば、馬体の張りや心肺機能など、もうちょっと状態のアップが望めたと思います。でも日程は最初から決まっていることですからね」

池江調教師はそう言うが、その「あと1週」は例年なら普通に与えられている猶予だった。今年はカレンダーの都合で、「10月の第1日曜日」と決まっている凱旋門賞が10月7日と最も遅い日取りで、ジャパンカップまでの間隔はいつもの8週間が、7週間になってしまっていたのだ。

父の池江泰郎厩舎の所属で、06年に凱旋門賞から帰国してジャパンカップに出走し、見事に勝利したディープインパクトの時も、間隔は8週間あった。さらに同馬は、9月に現地で前哨戦のフォワ賞を走ったオルフェーヴルとは違い、凱旋門賞へは宝塚記念からの休み明けで臨んでいた。

「それと比べても、今回は厳しい面はあるとは感じていました」

そう話す池江調教師だが、しかしそれでも「7分の状態」だった宝塚記念と比べれば、まだ調子は上だったという。

「凱旋門賞が最高の状態で、あれを100とすれば、そこから2割くらい割引いた感じだったと思います」

一方、もう1頭の三冠馬ジェンティルドンナは、牝馬三冠制覇を達成した秋華賞後も調子を落とすことなく、追い切りでも抜群のタイムを叩き出し、絶好の状態でレースを迎えていた。ただ一つの懸念は、オークス以来となる二度目の関東への輸送で、当日の馬体重が秋華賞からマイナス14キロと大幅に減っていたことだった。いや、懸念していたのはある意味、ファンだけだった。馬体重が発表されると、2番人気で5倍台だったジェンティルドンナの単勝オッズはどんどん上がり、最終的にはルーラーシップにも抜かれて6・6倍の3番人気となっていた。

「確かに数字は減っていて、私も驚きました。でも馬自身を見た限りではまったく問題ないと思いました。オークスの時ほどイレ込んでないとも思いましたし」

そう振り返る石坂正調教師だが、それでも予想外の大幅減は、まったく気にならないわけではなかったという。

「嬉しかったのは、パドックで吉田勝已さんが、いやあ、460キロというのはオークスと同じだね、絶好調だね、と言ってくれたことです。心の中では絶対に、ずいぶん減ったなとは思っているはずなんですよ。でもそれを言わない。すごい人だなと思いました。感謝しています」


ゲートが開くと、1枠1番の最内枠を活かしてビートブラックが先頭に立った。直後に16番トーセンジョーダンと、そして15番ジェンティルドンナが、ともに外枠から前のポジションを取りに行く。致命的に不利とされた凱旋門賞の大外枠に続き、またしても17番の大外枠を引いたオルフェーヴルはいつも通り、後方5番手くらいの外目でじっくり構えた。

後方からの爆発的な末脚で牝馬三冠を制してきたジェンティルドンナは、しかしローズステークスで2番手から完勝しているように、先行策も取れる。岩田康誠騎手は、内が伸びるこの日の馬場と、この枠からでは外を回らされるロスが生じる可能性があることを考え、「腹を括って」前目の位置を確保しに行ったのだという。

速すぎず、遅すぎずの絶妙なペースで逃げるビートブラックは、3コーナー過ぎから後続を引き離し始め、2番手のトーセンジョーダンに10馬身近くの差をつけて長い直線に入った。ジェンティルドンナは3番手。オルフェーヴルも勝負所で外を回って進出し、先団を捉える。

残り400メートル。まずは2番手のトーセンジョーダンを両側から挟み込むように、外からオルフェーヴル、内からジェンティルドンナが襲いかかる。まるで二つの台風がコンビプレーでも演じているかのような阿吽《あうん》の呼吸でトーセンジョーダンを競り落とした両馬は、この時点ですでに、完全に2頭だけの世界に入っていた。

前方にはあと1頭、ビートブラックが必死に粘っている。オルフェーヴルが内に寄り、その外へ馬体を併せに行く。と、内にいたジェンティルドンナと接触する。ジェンティルドンナは、今度はオルフェーヴルを外へ押し返し、ビートブラックの横へ強引に割って入る。押されたオルフェーヴルが、思わずバランスを崩す。

残り200メートル。態勢を立て直したオルフェーヴルとジェンティルドンナが、絡み合うように並んだまま、ビートブラックを置き去りにして抜け出してくる。

オルフェーヴルの池添謙一騎手が手綱を押しまくる。ジェンティルドンナ岩田騎手の左鞭が唸る。ハナ差ほど前に出ているジェンティルドンナとオルフェーヴルの間は、まるでボルトで固定したように詰まりそうで詰まらない。残り100メートル。変わらない。50メートル。まだ変わらない。そしてついに、2頭がゴールを通過する。

牝馬の三冠馬が、1歳上の牡馬の三冠馬をわずかに打ち負かした瞬間だった。

ただ、あまりに激しいそのレースは、見ていた僕たちを、それから多くの関係者たちを戸惑わせもした。引き上げてきた岩田、池添の両騎手の表情はともに硬く、青ランプの点いた審議の結果がどうなるのかは、誰にも予測がつかなかった。

審議は他に、レッドカドーのG・モッセ騎手からの走行妨害の申し立ての件もあり、約20分にも及んだ。テレビの放送時間内にも間に合わなかったその結果は、到達順位の通り確定、というものだった。接触はあったが、オルフェーヴルの競走能力発揮に重大な影響があったとは認められず、降着には至らなかった。ただし岩田騎手には、2日間の騎乗停止処分。いかにギリギリのラインでの競り合いだったのかが伝わってくるような判定だった。

石坂調教師は後日、そんなジャッジの内容にではなく、過程に苦言を呈した。

「結果がどうあれ、あんなに審議を長引かせてお客さんやテレビの前の人たちを待たせることは、あってはならない。迅速なジャッジを心掛けるべきです」

そして「ぶつけたこと自体はもちろん、いいことじゃありません」と前置きしつつ、「でも、どんな馬でもぶつければあの狭い場所を割れるわけじゃない。能力があるからこそです。それに、女馬が男馬にぶつかって、競り合って勝ったんですからね、大したものだと思います」と、あとはただただ、愛馬を称えた。

池江調教師は「今回の裁決に関しては、最終的には僕も納得しました。だから不服申し立てもしていません」と話す。

「ただ、明らかにぶつけて、それで騎手が騎乗停止なのにハナ差の決着は変わらないという結果が一つの例として残ってしまったことには、不安を覚えます」

激しさと悪質さは違うものだし、真剣であることと乱暴であることは区別されなければならない。でも、時にそれらはどうしようもなく紙一重だったりもする。

折しも2013年からは裁決のルールが新しいものへと変更になる。このジャパンカップはそんな視点からも、しばらくは議論の材料となっていくのかもしれない。

今回のジャパンカップの売り上げは200億9852万2000円で、前年比109・6パーセント。入場者数も11万7776人で同113・4パーセントと、ともに前年を大きく上回った。東京競馬場の混雑ぶりには、誰もがこんなのいったい何年ぶりだろうねと弾んだ声で言い合っていた。

石坂調教師は「私は普段は、そういう数字は意識していないんです」と言う。

「自分の馬を一所懸命やっていれば、自然とついてくるものだという考えです。でも、今回は売り上げが上がったと聞いて、そうか、ジェンティルドンナのような馬が出てああいうレースをすればみんなが喜んでくれるんだということを、初めて実感した気がします。このレースに使ってよかったなと心から思いました」

後日も、特に競馬ファンではない人から、ジャパンカップを観ました、すごく良かったと言われたり、同級生から感動したというメールをもらったりしたという。

「自分でもいい競馬だなと思ったけど、みんなもそう思ってくれたんですね」

そうした感動は、しかしたぶんジェンティルドンナの走りだけでは生まれなかった。あの尋常ではないレース前の昂揚感とレース後の満足感は、オルフェーヴルがいたからこそ生まれたものだった。

オルフェーヴルの体調は、本当に万全ではなかった。直線で受けた不利は、微差の決着を考えれば致命的なほど痛かった。少なくともこの2着は、力負けや完敗などではまったくない。あの凱旋門賞と同じように。

「すべてを出せた結果、オルフェに勝てました。3歳牝馬がオルフェに勝ったんですから、褒めてやってください」

そう話した岩田騎手は、たぶんオルフェーヴルの凄さを最も理解する一人だ。

石坂調教師も「凱旋門賞は凄かった。あの状況であんなパフォーマンスができるのは、本当の名馬だけだと思います」と、心からその力を認めている。

逆に池江調教師は、レース後にオルフェーヴルの話を聞いた最後にこう言った。

「あと付け加えるべきは、ジェンティルドンナというのは本当に強いな、ということです。オークスを見た時から、それは十分わかっていたことなんですがね」

同じ勝負服で走る2頭は、年齢も違う。牝馬と牡馬の違いもある。ライバルと呼べる関係でいられる時間は思ったより短く、牡牝の三冠馬対決の実現は、針の穴を通すような奇跡だったのかもしれない。

今後は海外を目指すというジェンティルドンナ。オルフェーヴルとの次の邂逅《かいこう》は、あるいはメイダンか、それともロンシャンか――。そんな夢を見て眠れなくなるには、まだ少し早いだろうか？*

＊その後、2頭が相まみえることはなかった。

close-up
2013年

日本ダービー
キズナ

父：ディープインパクト　母：キャットクイル（Storm Cat）

米子空港で車を借り、いかにも火山らしい印象的なフォルムを持つ大山《だいせん》の麓に向かって40分ほど走る。激闘の5日後、まだあの熱狂がどこかに残る頭のまま鳥取県伯耆《ほうき》町の大山ヒルズを訪ねると、ちょうど牧場のゼネラルマネージャー齋藤慎さんはテレビ局の取材を終えたところだった。この日、キズナが栗東から牧場へ戻って来たのだ。地元で映る民放は3局しかないが、そのうち2局にNHK、それにケーブル局を加えた4台のカメラが集まり、日本中の競馬ファンの胸を熱く揺さぶったヒーローが馬運車から降りてくるシーンを撮影した。

「こんなの初めてですよ。あらためてダービーってすごいんだと思いました。取り上げ方も、〝鳥取出身のダービー馬が凱旋〟、みたいな感じで、嬉しいですね。この馬は、生産は北海道の新冠ですが、育ったのはほとんどここですから」

競走馬を生産地で分類するやり方に慣れた僕たちの耳に、この「鳥取出身のダービー馬」という表現は、はっとするような新鮮さで響く。そしてその新鮮さには、たぶんキズナという競走馬に関する何か大切なものが含まれているのだ。

大山ヒルズは、新冠に牧場を構えるオーナーブリーダーのノースヒルズ（当時はノースヒルズマネジメント）が、03年3月に鳥取県に開場した育成牧場だ。栗東から車で3時間半程度という利便性を活かし、原則的にすべての若駒の育成と、現役馬の放牧がここで行われている。

新冠で生まれた1世代60頭ほどの若駒は、1歳9月から2歳2月くらいまでに、馬運車で6頭ずつ、約30時間かけて鳥取まで運ばれてくる。キズナがやって来たのは11年10月8日、1歳秋だった。「早い方の組でした」と齋藤さんは言う。

「一目見て、馬っぷりが他の馬とぜんぜん違う、オーラがあるなと思いました。新冠から聞いていた話よりは華奢でしたが、節々にはいい筋肉が付いていて、これは一冬越したら相当変わるぞ、と」

翌年、キズナが2歳になったばかりの頃の話だ。牧場の獣医師がトランセンドのドバイ遠征に付き添って1か月半ほど留守にした。久々に帰ってきた獣医師はキズナを見て、その変化に驚いたという。

「筋肉の付き方が全然違っていたからです。今の豊富な筋肉量を持った馬体になったのは、ここに来てからなんですよ」

競馬ではおとなしいが、普段はやんちゃで、すぐに飛んだり跳ねたりする。我も強く、自分が群れの中で一番だと思っている。そんな性格は当時からだという。

「心肺機能も高かったですよ。同じ調教をしても、他の馬は息が荒くなっているのに、ケロッとしていましたから」

2歳の夏前くらいになると、すでにその能力の高さはあちこちで評判になっていた。飛ぶように走るディープインパクト産駒。ノースヒルズの史上最高傑作。関係者はみな当然のように、最大目標としてダービーの名前を挙げていた。

キズナという馬名は、1歳のうちにもう決まっていた。しかし、そんなに早く決まることはノースヒルズではまずないのだという。世代の一番馬に付けようとしていた名前を早々に与えられたのは、キズナがその頃からすでに牧場にとって例外的な期待馬だったことを物語る。

そんなキズナは早くから栗東の佐々木晶三調教師に預けられることが決まっていた。実際の入厩は2歳の夏、12年8月半ば。デビューはその2か月後となった。

12年10月7日、京都芝1800メートル戦でのデビュー勝ちを、しかし齋藤さんたちは観ることができなかった。同じ日に行われる凱旋門賞を観戦するため、フランスにいたのだ。

「アーネストリーが出るかもということで手配してあったんです。結局出ませんでしたが、いつか挑戦するときのために勉強に行こうとなって」

齋藤さんはそう言って、しかし本当にあれが1年後のキズナのための下見になるとはびっくりですよね、と笑った。

じつはキズナは、鳥取にやって来たのも11年の凱旋門賞の6日後だった。毎年、10月の最初に転機が訪れているのだ。

続く2戦目は11月11日の黄菊賞だった。雨で稍重馬場となったここも、キズナは後方からゆっくり進んで最後に差し切り、連勝を飾った。エンジンの掛かりが遅く、直線入口では一瞬モタつくが、伸び始めるとあとは凄まじい勢いで加速していく一方というキズナの特徴的な走りは、この2戦にすでによく表現されている。

3戦目は、暮れのラジオNIKKEI杯2歳ステークス。ところがその1か月前、11月24日に主戦の佐藤哲三騎手が落馬事故で大怪我を負ってしまう。数日後に発表されたのは、武豊騎手との新コンビだった。

そのラジオNIKKEI杯は、キズナにとって苦いことばかりのレースとなった。7頭立ての少頭数でペースが極端に遅くなり、スタート直後に頭を上げて折り合いを欠いてしまったのだ。直線ではバッドボーイとエピファネイアに挟まれた苦しい位置で競り合い、最後に遅れて3着。佐々木調教師は、デビューから10キロ増えた馬体重が示すように、太めの馬の作りが引っ掛かった原因だとした。

「でも後から考えれば、それがわかったことは収穫でした。今後はもっと絞ろう、と佐々木先生と確認できましたから」

初めての敗戦から4日後の12月26日。キズナは久しぶりに鳥取へと戻って来た。


4か月半ぶりにキズナに接した齋藤さんは、まず精神面での成長に驚いたという。ちなみにこの1か月後、2月1日に厩舎に戻すと、佐々木調教師も同じように精神面の成長を口にしている。この時期、いかにキズナが急速に大人になっていったのかがよくわかる。

引っ掛かって敗れたレースの後だが、この期間に、それを矯正するような調教は行わなかった。むしろ逆だった。

「馬の邪魔をしない。好きなように走らせる。余計なことをしてフォームが崩れたり走ることが嫌になったりしないように、という方針でした。こういうやり方は、ダメだという人もいると思います。でもキズナに関してはそうしようと、担当者や佐々木先生と決めました」

その方針は、デビュー前の1歳時から変わっていない。

「鍛えたというイメージはないです。素質を邪魔しない。それが最優先でした」

その真っ直ぐな育てられ方と、直線で真一文字に伸びてくる姿が自然と重なる。

厩舎に戻ったキズナの目標は、弥生賞。前走から12キロ減の馬体重は狙い通りの仕上げだったが、しかしキズナは混戦を捌《さば》ききれず5着と敗れてしまう。通ったコースが悪く、まさに脚を余した形だった。

皐月賞に出るには、賞金が足りない。3週間後の毎日杯に勝てばそれは叶う。だがこの時点で陣営は、毎日杯には出るが、しかしそこで勝っても皐月賞には絶対に出ないという方針を固めていた。

「疲れを残したくないからです。ダービーを狙うためにやってきたんですから」

毎日杯は、次元の違う末脚を繰り出しての圧勝だった。ここで初めて、皐月賞へは向かわないことが公式に発表された。

本番前の一叩きには京都新聞杯が選ばれた。青葉賞からはダービー馬が出ていない。NHKマイルカップの速い流れも経験させたくない。余計な輸送も避けたい。左回り、初コースへの不安はないのだから、京都新聞杯でいい。そんなふうに決まった。すべてはダービーのためだった。

ほとんど最後方からの大外一気で、キズナはこの京都新聞杯も制した。

「直線しか走ってないから、疲れなんてないよって佐々木先生は仰ってました」

迎えたダービー当日の馬体重は478キロ。デビュー以来最低だが、細いどころか、豊かで柔軟な筋肉に覆われた馬体はパドックからライバルたちを圧していた。

ゴール直後は、齋藤さんも「もうなんだかよく覚えてないですね」と話す。

「たくさん握手した記憶はあるんですけどね。覚えているのは、他の調教師の先生たちがよかったねえ、って次々に握手しに来てくださって、目を真っ赤にしてる方が何人もいらしたことです。競馬のプロの方たちも感動させてしまうほどのレースだったということですよね」

激闘の5日後。久しぶりに牧場に戻ってきたキズナは馬房に入ってすぐ草を食べ、水を飲み、寝転び、起きたら馬房の中で尻っぱねをしたという。「あんな激戦の後なのにね」と齋藤さんも笑う。

「佐々木先生には、うちにいたときはダービーを目指す馬だったけど、そっちに返すのはダービー馬だからね、ってプレッシャーをかけられましたよ」

でも、次に鳥取へ帰ってくるのは「凱旋門賞馬キズナ」なのかもしれない。そう言うと、齋藤さんは「うわっ、ほんとですね。大丈夫かな」とまた笑った。*

オーナーブリーダーだからこそ可能なことだが、大山ヒルズではできるだけ担当者は固定せず、スタッフが全部の馬に一度は乗れるようにしているのだという。

「キズナにも、みんな乗ったことがあります。だからみんなで喜べるんですよ」

また、大山ヒルズは一般見学はできないが、地元との交流のため年に1回ほど伯耆町主催の牧場見学会が催されていて、そういう場ではトランセンドやアーネストリーを見せた後、次の期待馬としてキズナも紹介してきた。もちろん牧場を訪れる関係者やマスコミにもそうしてきた。

「だから、キズナに会ったことがあるという人は意外と多いんです。そんなふうに、自然と思い入れを持ってくれる人が増えていった馬なんですよ」

そう言った後、齋藤さんは続けた。

「それにしても、こんなふうに牧場の一番馬ですってみんなに紹介してきた馬が、本当にずっと一番のままダービーを勝つなんてね。普通はちょっとないですよ」

鳥取の人たちだけじゃない。誰もが、不思議と自分との「絆」を感じてしまう馬。第80回の記念のダービーを制した馬がそういう馬だったことを、僕たちは嬉しく思うべきなんじゃないだろうか。

＊秋、キズナは凱旋門賞を目指して渡仏。前哨戦のニエル賞を勝利して迎えた本番は、地元の牝馬トレヴ、オルフェーヴル、同じ3歳の仏ダービー馬アンテロに続く4着だった。

2013年 マイルCS

トーセンラー

父：ディープインパクト　母：プリンセスオリビア（Lycius）

春に安田記念を制したロードカナロアは、現役ラストシーズンとなるこの秋はスプリント路線へ。マイル路線の中心は、その安田記念で3着、秋は京成杯オータムハンデ2着から富士ステークス1着と進んできたダノンシャークとなっていた。トーセンラーは2番人気。前走は京都大賞典3着だった。

トーセンラーが外から鮮やかな末脚で差し切り、悲願だったGI初制覇を成し遂げた13年マイルチャンピオンシップのレース後、藤原英昭調教師の会見は当然ながら、それまで走ってきた路線からあえて外れ、初めてのマイル戦にチャレンジしたことに関する話が中心となった。得意の京都でGIを勝たせたいと思っていたこと。レース選択へのオーナーの理解。慣れない距離に対応させるためのスタッフの努力。信じて手綱を託した武豊騎手のパーフェクトな騎乗。信じて2番人気に推してくれたファンへの感謝。

そういった話と並んで、会見では今回の勝利が、東日本大震災の被災馬によるものであることもあらためて語られた。

災害に遭った馬が、長い時間をかけて復活した。すごい精神力。人間を勇気づけてくれた。藤原調教師はそう話した。

確かに11年3月11日、東日本大震災発生のその日、トーセンラーは宮城県の山元トレーニングセンターにいた。2月6日のきさらぎ賞を勝った後、皐月賞を目指してリフレッシュ放牧に出ていたのだ。

震度6強の激しい揺れに、馬場には段差が生じた。津波は高台にある牧場の、しかしすぐ近くまで押し寄せたが、幸い270頭ほどの滞在馬、約70名のスタッフいずれにも、大きな怪我はなかった。

山元トレセンでマネージャーを務める社台ファームの袴田二三男さんによると、最初に心配したのは「水」だった。井戸水を汲み上げているため停電は断水を意味する。レンタルした発電機が道なき道を進んでようやく到着し、それを接続して水が出た瞬間は心から安堵したという。

エサや牧草は備蓄があった。あとは調教だ。さらに大型の発電機が到着し、ウォーキングマシンが動かせるようになったのは、確か震災から3日目か4日目だったと思います、と袴田さんは振り返る。

「それで最低限のことはできるようになりました。馬にとって致命的なことにはならずにすんだという思いはあります」

むしろ問題は、ライフラインが寸断された中での人間の生活にあった。

「それで結局、あちこちの牧場にお願いして馬と人を移したんです。馬運車が何台も何台もやって来ました。トーセンラーは震災から3日後の3月14日、関東馬のショウワモダンと同じ車に積んで美浦近郊のセグチレーシングステーブルへ向かいました。着いて馬体を検査して、一休みしてすぐ栗東へ向かったはずです」

結局、トーセンラーが栗東に到着したのは出発から45時間も経った後だった。

まだデビューしてわずか4か月、キャリア4戦の3歳馬に、こうしたアクシデントが大きな影響を与えないわけがない。

もちろん、それだけが原因だとも言わない。でもともかく、トーセンラーは皐月賞7着、ダービーは11着という大敗で、一生に一度の晴れ舞台である春のクラシックを終えたのだった。

震災の年の秋、セントライト記念から始動したトーセンラーは、しかし菊花賞3着をはじめ善戦はするものの勝ち切れない走りが続いていく。翌12年夏の終わり、新潟記念で7着に敗れた後、放牧のため山元トレセンに戻ってきたトーセンラーは「すっかりくたびれて元気がなくなっていました」と袴田さんは振り返る。

「そこでじっくり時間をかけて立て直したことで、年明けの京都記念に向けていい状態で送り出せたんです」

約5か月ぶりの実戦となったその京都記念で、震災前のきさらぎ賞以来となる久々の勝利を挙げたトーセンラーは、続く天皇賞・春も2着と好走。いちど山元トレセンへ戻り、しかし状態が良いためまた栗東へ。宝塚記念に出走した。ここは5着に終わったが「体質も精神面も強くなっていることは明らかでした」と袴田さんは言う。秋に悲願のGI制覇を達成する下地は、この時すでに整っていた。

ちなみに山元トレセンで被災した約270頭には、他にもアリゼオやクォークスターなどの重賞勝ち馬がいた。トーセンラーと同じ藤原厩舎のミラクルレジェンドもそうだ。同馬はその後、大井の交流重賞JBCレディスクラシックを2連覇。実質的にはGIだが、新設レースのため格付けはグレードなしの「重賞」だったので、今回のトーセンラーの勝利は、山元トレセンでの被災馬による初めてのGI勝ちということになる。

震災後の混乱の中でクラシックを戦ったトーセンラーの世代には、オルフェーヴルという王者が君臨していた。皐月賞2着のサダムパテックはクラシックの後、オルフェーヴルとは別の道を歩み、12年のマイルチャンピオンシップで初めてGIを勝った。そして13年、今度はトーセンラーが同じマイルチャンピオンシップで悲願の初GI勝ちを収めた。へこたれず頑張ってるのはオルフェーヴルだけじゃないんだぜ。そんな声が、どこからともなく聞こえてくるような気がする。

オルフェーヴルは13年で引退する。トーセンラーは14年も現役を続ける。「ようやく良くなった。本当に、これからが楽しみな馬ですよ」と袴田さんは言う。

そう、たぶんこれからなのだ。

トーセンラーの本当の活躍も。そして震災からの、本当の意味での復興も。

GI戦記 III

2014

桜花賞　ハープスター
宝塚記念　ゴールドシップ
凱旋門賞　トレヴ

2015

日本ダービー　ドゥラメンテ

2016

桜花賞　ジュエラー
菊花賞　サトノダイヤモンド

◇2014年

桜花賞

ハープスター

父：ディープインパクト　母：ヒストリックスター（ファルブラヴ）

阪神ジュベナイルフィリーズではレッドリヴェールにハナ差で敗れたものの、前哨戦のチューリップ賞を圧勝してきたハープスターが単勝1・2倍と断然の1番人気。これが3歳初戦となるレッドリヴェールが7・4倍の2番人気と、2頭の再戦ムードが濃厚に漂う一戦となった。

表彰式を終えて引き上げるノーザンファーム代表の吉田勝已氏を、数人の記者が歩きながら取り囲む。おめでとうございます。ありがとう。強かったですね。いやあ、危なかったんじゃない？　レースについてのそんなやり取りが笑顔で交わされていたが、でもみんなが本当に訊きたいことは別にあった。やがて恐る恐るという感じで誰かが切り出した。それで、この先のことなんですが。吉田氏が、少し居住まいを正してから答えた。

「まあ、まずはオークスだよね。そこで距離がもてば。引っ掛かる馬じゃないから、もっと思うけど」

記者たちが一斉にメモを取る。レース前から囁かれていたハープスターの凱旋門賞挑戦プランが、この勝利によってまた一歩実現へ近づいたこと。しかし同時に1マイルを超える距離をまだ経験していない点が宿題として残されていて、オークスはそこを確認するためのレースになるだろうということが、そのメモを元にした記事では書かれるはずだった。

一方、検量室前では2着に敗れたレッドリヴェールの須貝尚介調教師が、やはり記者たちに囲まれていた。惜しかったですね。でも完璧なレースをしたし、力を出し切ったからね、相手を誉めるしかない。そんなやり取りに続き、こちらでもまた、ところで次は？　といういちばん肝心なことがようやく訊かれた。

「うん、まだわからないね。オーナーと相談して、体調を見てから」

戦前、この次走にはオークスではなくダービーに挑戦する可能性があることが、オーナーサイドからは示唆されていた。それが、敗れたことでどうなったのか。さすがに明言は避けられたが、逆に言えば、少なくともご破算になったということはなさそうだというのが、この時点でニュアンス的に確認された内容だった。

いずれにしても、それらは桜花賞の直後に、その優勝を争った2頭に対して抱かれる興味としては異例のものだった。オークスでの再戦が焦点となっていないことも、オークス以外のレースの話題が中心となることも異例だった。そして、それを異例と感じさせないこと自体が、2頭がすでに歴史的名馬のレベルにいることの何よりの証明とも言えた。

２００７年に桜花賞2着からダービーに挑戦し、勝利したウオッカ。2歳時から凱旋門賞への挑戦が語られ続けていた09年のブエナビスタ。突き抜けた力を持つ牝馬は、10年のアパパネのように牝馬三冠を平然と制し、12年ジェンティルドンナのように、のちにジャパンカップ連覇みたいなとんでもないことをしでかすことができるもので、あとはいかに牝馬の枠を飛び出すかでその強さは表現されていく。僕たちはすっかり、そんな考え方をするようになっていたのだ。

結果的に14年桜花賞は、まるでハープスターの競走馬としての凄さをわかりやすくプレゼンテーションするために用意されたかのようなレースとなった。

その演出の中心にいたのは、最低人気のフクノドリームだった。ダートと重馬場の芝で短距離戦をぶっちぎってきたこの快速馬は、1ハロンあたりで先頭に立つと、あとは横山和生騎手が「自分のやるべきことはやれた」と振り返ったように、迷いなくひたすら逃げまくった。

後続を最大で15馬身ほど引き離し、フクノドリームは飛ばしていく。ラップは最初の3ハロンが33秒8、4ハロンが45秒3、5ハロンが57秒0。どこをとっても、少なくともグレード制導入以降では桜花賞最速という凄まじさだった。断っておくが、阪神のコースが改修されて現在のものとなった07年より前、「魔の桜花賞ペース」の時代も含めての話だ。ラインクラフトが勝った05年の3ハロン通過が33秒8で今年と同じ。あとはすべてフクノドリームの方が速い。

まさに歴史に残る逃げだった。

この流れを、ハープスターはいつもの指定席である最後方から追走した。3コーナー過ぎでは、先頭から優に30馬身。悲鳴にも似た大歓声を浴びながら、鞍上の川田将雅騎手はハープスターを大外に持ち出して直線を向く。最後の力を振り絞っているライバルたちを、ただ1頭、別次元の走りで外から飲み込むその走りは、ハープスターの真骨頂であると同時に、その規格外の能力のこれ以上ないほどわかりやすい証明だった。

残り100メートル、ついにフクノドリームが力尽きると同時に、レッドリヴェールが馬群から力強く抜け出して先頭に立った。しかしそのときには、もうハープスターはすぐ1馬身後方に迫っていた。そのまま並ぶ間もなく交わしてゴール。クビ差だが、叩き合う暇すらなかった。

ハープスターの勝ちタイムは1分33秒3。アパパネと同じで、桜花賞のタイレコードだ。松田博資調教師は桜花賞4勝目で、これは史上2位。川田騎手は3歳クラシックばかりでGI4勝目。そして父ディープインパクトは、これで産駒が初年度から桜花賞4連覇となった。

同タイムの2着となったレッドリヴェールは、もし勝っていれば阪神ジュベナイルフィリーズから約4か月ぶり、過去に例を見ない年明け初戦での桜花賞制覇だった。前向きすぎる気性と、馬体重の増えにくい体質を考えての異例のローテーションは、まさに実を結ぶ寸前だった。

筋肉量豊富なボリューム満点の馬体を誇るハープスターは、しかしその豪快な走りからは想像できないほど素顔はおとなしく、おっとりした女の子。一方のレッドリヴェールは、父ステイゴールドそっくりの小柄な馬体と鋭い眼光、抜き身の刀のようなオーラをまとった馬だ。そんな対照的な2頭は、ここまで二度戦って1勝1敗。どちらも他の馬には一度も負けていない。そして、このまま最も僕たちの興味を惹く方向に事が進んでいけば、三度目の対決がいつのことになるのか、少なくとも桜花賞が終わったばかりのこの時点ではわからない*。

ウオッカとダイワスカーレットも、それからブエナビスタとレッドディザイアも、みんな海外遠征を含めて独自の道を歩んでいる。それでも前者は三度、後者は四度、桜花賞後に対決の機会があった。

この日、1週前に盛りを迎えた阪神競馬場の桜は、もう散り始めていた。でも、この稀有な2頭の牝馬による物語は、まだ始まったばかりだ。

＊ハープスターはオークスでヌーヴォレコルトの2着に惜敗したが、凱旋門賞挑戦プランに変更はなし。一方、レッドリヴェールも予定通りダービーに挑戦し、ワンアンドオンリーの12着。2頭による直接対決の機会は、この桜花賞が最後だった。

◇2014年

宝塚記念

ゴールドシップ

父：ステイゴールド　母：ポイントフラッグ（メジロマックイーン）

天皇賞・春の覇者フェノーメノは回避。同じく4着のキズナもレース後に骨折が判明。香港のクイーンエリザベスⅡ世カップ4着のエピファネイアも秋へ備えることとなり、中長距離の一線級が手薄な状態で迎えた春のグランプリ。天皇賞・春では最後方から追い込み届かず7着と敗れたものの、前年の覇者ゴールドシップが1番人気に推された。2番人気は前年の有馬記念、天皇賞・春と2着のウインバリアシオン。3番人気はドバイシーマクラシック勝ちから帰国初戦のジェンティルドンナとなった。

ゴールドシップを取り巻く状況は、1年前と不思議なくらいよく似ていた。

天皇賞・春で不本意な走りしかできず、次こそは負けるわけにいかないという、どこか背水の陣にも似たムードで宝塚記念を迎えた点が同じなら、そんな空気を、ジョッキーが関東所属にもかかわらず何度も駆けつけて調教に乗ることで打開しようとしたところまで、同じだった。

1年前は、ずっと主戦を務めていた内田博幸騎手が2週間で五度、栗東を訪れた。あらためて先行力という名の「走る気持ち」を思い出させ、レースでもスタートから鞭を使い、手綱をしごいて4番手に先行し、力強く抜け出してみせた。

そして今年は、これがゴールドシップに初騎乗の横山典弘騎手が、やはり3週連続で栗東へ赴いて追い切りに跨った。

「人間でも同じでしょう。初めて会った人とはすぐに理解しあえるものじゃない。だからゴールドシップとも3週間かけて、少しずつ互いに理解していったんです」

そうレース後に語った横山騎手によれば、調教メニュー自体は、見方によっては軽すぎるくらいだったという。しかし何より「馬の気持ちを尊重しよう」というテーマのもと、初めて出会った人馬の信頼関係を築き、ゴールドシップ自身の「走る気持ち」を損ねないようにすることを最優先に、調教は進められた。

1年前の宝塚記念を勝ったあと、ゴールドシップはある意味、スランプと呼ぶべき状態に陥っていた。京都大賞典で見所なく敗れ、ジャパンカップでは15着と大敗した。長く騎乗してきた鞍上を替え、初めてブリンカーを着けた有馬記念は3着と格好こそつけたが、オルフェーヴルにはちぎられ、ウインバリアシオンにも先着された。14年初戦の阪神大賞典は2番手先行から楽勝したが、続く天皇賞・春ではゲート内で暴れて大きく出遅れ、7着まで押し上げるのが精一杯だった。

有馬記念以降、ジョッキーは毎レース、初コンビの相手に替わった。それは自身の気難しさが最大の敵であることと、その部分に対する解答を陣営が本気で探していることの表れだった。横山騎手の起用は、そんな中でのことだった。

競馬学校の１期下だった横山騎手を「ノリちゃん」と呼んで信頼する須貝尚介調教師は、この３週間の人馬の様子を「まるで親友みたい」と振り返った。そしてレース後には「人馬一体って、このことだなと思いました」と感嘆した。

レース当日。パドックから本場馬へ入ったゴールドシップは、「最初はいつもみたいに好き放題に飛んでいこうとしたけど、すぐに僕の気持ちを察して立ち止まって、そのあとは指示に従ってくれました」と横山騎手が満足げに振り返ったように、息の合った返し馬を経て、スタート地点へ向かう。ゲート内でも、ここでテンションの上がってしまった天皇賞・春とは違い、じっとスタートを待てていた。その時点で、宝塚記念史上初の連覇という偉業は、半ば達成されていた。

決して出遅れたわけではなく、自分のペースでゆっくりゲートを出たゴールドシップは、スタンド前の直線を３００メートルほど進んだあたりから前へ行く気を見せ、気持ち良さそうに大外を上がっていった。引っ掛かっているわけではない。横山騎手は「ポジションを取りにはいきました」と言うが、その自然なアクションは、それが馬の意思なのか人の意思なのかさえ不可分に見せた。１コーナーを回り終わる頃には、もう逃げるヴィルシーナ、追うフェイムゲーム、続くカレンミロティックの、そのすぐ外に付けていた。
過程は違っていたけれど、奇しくも、1年前と同じ4番手だった。

1年前と同じものは、他にもあった。馬場状態だ。そしてそれは今年もまた、確かにゴールドシップの味方となった。

施行時期が梅雨真っ盛りの6月末になって以降、宝塚記念が湿った馬場で行われることは珍しくなくなった。量は別として、毎年のように前日か当日のどちらかは雨が降り、芝はたとえ「良」でも、実際はまだ湿り気が残り、比較的タイムのかかる状態となりがちだ。

今年もそうだった。夜半の雨の影響で、芝は「稍重」スタート。第7レース前から「良」に回復はしたが、第10レースの前にはシャワーのような雨が降っている。溢れるパワーと無尽蔵のスタミナを持ち、「蹄に水かきが付いている」と言われたほど重馬場に強かった母の父メジロマックイーンの適性を受け継ぐゴールドシップにとっては単純に歓迎すべき状況だった。

直線、ジェンティルドンナやウインバリアシオンがもがき、伸びあぐねる中、力強く先頭に立ったゴールドシップは、このまま永遠に伸びていきそうな推進力で後続を引き離す。3馬身差の圧勝は、まるで1年前の3馬身半差のリプレイを見ているかのような独走のゴールだった。

いや、1年前とは違う点だってある。

昨年、レース後に秋の目標について訊かれた須貝調教師は、国内専念を明言した。それが、今年は少し違った。

「馬の体調面、オーナとの相談、それから世論などを見て決めたいです」

具体的なレース名が出たわけではない。それでも、同厩舎のジャスタウェイにも挑戦プランが持ち上がる「凱旋門賞」が意識されていることは明らかだった。

1年前と同じ勝利。同じ強さ。

しかし「機」は、1年前よりも確実に熟している。

2014年

凱旋門賞

トレヴ

父：Motivator　母：Trevise（Anabaa）

中心は英オークスとキングジョージⅥ&クイーンエリザベスステークスを制している英国の牝馬タグルーダ、ニエル賞を制した地元のエクト、仏牝馬二冠を含む無傷の6連勝中のアヴニールセルタンといった3歳馬たち。前年の覇者トレヴは、この年はガネー賞2着、プリンスオブウェールズステークス3着、ヴェルメイユ賞4着と3戦未勝利となっていた。日本からは3頭。ハープスターとゴールドシップは札幌記念から、ドバイデューティフリーで「世界1位」のレーティングを得たジャスタウェイは安田記念からの参戦となった。

地元フランスの4歳牝馬トレヴが、1977、78年のアレッジド以来36年ぶり6頭目、牝馬では戦前のコリーダ以来じつに77年ぶり2頭目となる連覇を成し遂げて終わった、第93回凱旋門賞。歴史的快挙の興奮の余韻がまだ残る中、メディアセンターで、トレヴを管理する女性調教師クリスティアーヌ・ヘッドマーレックとその父で生産者のアレック・ヘッド氏の会見が行われているのとちょうど同じ頃、会場から数メートルの場所では日本馬の関係者の囲み会見が行われていた。

日本から参戦したハープスターは6着、ジャスタウェイが8着、ゴールドシップは14着に敗れていた。

川田将雅騎手は、後方2番手から外を回り、直線での追い込みにかけたのは予定通りで、乗り方に悔いはない、しっかり伸びてくれたとハープスターを労《ねぎら》った。

ジャスタウェイの福永祐一騎手も、馬群を縫って最後までジリジリと伸びた脚に距離の問題は感じなかったこと、返し馬の感触からも状態はドバイでの勝利時以上で、道中もリズム良く走れていたことを強調し、暗に今回の力負けを認めた。

横山典弘騎手もまた、最後方から大外を回るレースとなったのは、いつも日本でそうしているように、ゴールドシップ自身がしたいようにさせた結果だった、こういう難しい気性で、いろいろ「初もの」尽くしの中、馬は力を出してくれたと、さばさばした表情で語った。できることはしたが敗れた。共通したトーンの中、ある言葉が妙に耳に残った。

横山騎手は1分半弱の会見で「甘くない」というフレーズを計3回使った。

「結果は仕方ない、そんなに世界は甘くない」「甘くないですよ、それがいちばん（の結論）です」「みなさんが思っているほど甘くないということ」

その言葉は、凱旋門賞というレースの最も厳しい部分に直接、触れた者の生々しい感想として、できる限り誠実に受け止められるべきだ。そう思った。


ロンシャンの場内で、外国人の男性に声をかけられた。「日本馬の3頭でどれがナンバーワン？」と訊かれ、即答できず、今年のメンバーは一長一短なんだよ、などと難しいことを言おうとして、ふいに気づいた。そんなことは彼も理解していて、だからこそ訊いているのだ。

今年、日本が「夢」を託したのは3頭。これだけの頭数で挑むのは初めてだが、その中身もまた「初」の多いものだった。

3歳牝馬初の出走となるハープスター。

ジャスタウェイは長期滞在のエルコンドルパサーを除けば、初の海外GI勝ち馬としての出走。その勝利を含み、マイル寄りの実績を引っさげての挑戦もまた、日本馬としては過去に例がなかった。

そしてゴールドシップほど極端に、重くてパワーの要る馬場への適性を示す馬の挑戦もまた、初めてといってよかった。

ここ4年間、8頭の挑戦者がすべて現地の前哨戦を走ったのに対し、今年の3頭はそうしなかった。このことは「新しい」というよりは、欧州に長期滞在した馬を除きすべて宝塚記念などからの出走だった08年以前に逆戻りしたともいえた。ただ、GIではなく、出走間隔があまり開かない札幌記念からというローテーションは「初」で、新しい試みだった。

レース3日前、ラモルレイでフランス馬エクトを取材した際、エリー・ルルーシュ調教師は「今年の日本馬は戦術を変えたね。3頭とも前哨戦は使わなかった。それがどう出るか楽しみだよ」と言った。

今年は他にも、キングジョージを勝ったイギリスの3歳牝馬タグルーダが8月のヨークシャーオークスから、やはり3歳牝馬で無敗のフランス二冠馬アヴニールルセルタンも8月のノネット賞から直行と、直近の前哨戦を走っていない有力馬が多いことが現地でも話題となっていた。

ちなみにレースでは、タグルーダは1番人気ながら15番の外枠が響き3着。アヴニールセルタンはイレ込みがきつく2番人気で11着と大敗。エクトは前哨戦のニエル賞を勝って臨んだが、本番は3番人気で17着だった。どれが正解という話ではない。そういうローテーションなりの準備をしているのかどうかは注視され、結果とあわせて評価されるということだ。

その取材の場には地元の電子新聞『ジュール・ド・ギャロ』の記者が居合わせていた。アンヌ・ルイーズという名の女性記者は、日本馬の印象をこう話した。

「3歳牝馬のハープスターもいいけど、私はゴールドシップみたいな個性の強い馬が好き。調整もうまくいっているようだし期待しているわ。ジャスタウェイは、距離が問題になるんじゃないかしら?」

「その個性の強いゴールドシップの父が、ナカヤマフェスタやオルフェーヴルと同じってことは知ってる?」

「もちろん。ステイゴールドの仔はクセ馬が多いわよね。でもゴールドシップは見た目はタイプが違うわね。芦毛だし」

気性の難しいゴールドシップの力を、オルフェーヴルの「失敗」を活かしてどう発揮させるのか。彼女はもちろん、ハープスターが大外一気にかけていることも知っている。ほぼロンシャン経験のない日本人騎手たちが、こうした「弱点」――と彼女たちからは見える――をいかに克服するか。贔屓目《ひいきめ》も入って「甘く」なる僕たちとは違い、そういう部分は冷徹な目で、じっくり観察されているのだ。

よく晴れ、汗ばむほどだった土曜日から一転、凱旋門賞当日は最高気温15度ほどの、冷たい風の吹く一日となった。馬場状態は「ＢＯＮ」。８段階の良い方から４番目で、日本でいう「良」だ。

午前11時の開門後、場内はどんどん人で埋め尽くされ、最終的には5万人以上が来場した。日本人も昨年並みの約６０００人が見込まれるという話だった。

第5レース、凱旋門賞のパドックに馬が入ってくる。今年はフルゲートの20頭立て。この頭数に達するのは20年ぶりだ。

当初は史上最高メンバーと謳われながら、9月に入ると独ダービー馬シーザムーン、英愛ダービー馬オーストラリア、仏ダービー馬ザグレーギャッツビーと3歳牡馬のトップが続々と引退や回避を表明、最終的には混戦模様となっていた。ハープスター、ジャスタウェイ、ゴールドシップは4～6番人気、今年3戦未勝利のトレヴは、その次の7番人気だった。

最初のアヴニールセルタンが入ってからたっぷり約3分半後。ついにゲートが開くと、予想通り先頭に立ったのは、差し馬であるエクトの陣営が用意したペースメーカー、モンヴィロンだった。セントレジジャー馬キングストンヒル、タグルーダらの英国勢が前に付けていく。ゴールドシップは出遅れ気味のスタートから最後方へ。ハープスターも、下げて後方2番手。日本馬2頭が離れた後ろを進む形となった。ジャスタウェイも馬群には取り付いていたが、位置取りとしては後方4、5番手。川田騎手は「ゲートで待たされている間におとなしくなりすぎて、出てからも前に進まず、思ったより離された」。福永騎手も「早めに入って、おとなしく待っていてスタートは良かったけど、その後の行き脚がつかなかった」と同じような言葉を残している。

トレヴは先団の最内を、ずっと引っ掛かり気味に進んでいた。それがフォルスストレートに入る頃にはいったん落ち着き、息が入っていた。まさに連戦連勝だった昨年、3歳時に見せていた姿だった。

最終コーナー、ゴールドシップは大外を回って直線へ。しかし伸びない。遅れてさらに大外へ出したハープスターが、ぐんぐん加速する。ジャスタウェイは果敢に最内を突くが、前が開かず、進路をやや外へ。残り100メートルあたりからようやく最後の脚を使ったが、ハープスターともども、時すでに遅かった。

トレヴが5番手あたりから抜け出したのは、残り400メートルほどの地点だった。素晴らしい瞬発力で一気に後続を引き離すと、あとはゴールまで影も踏ませない。ラスト600メートルは34秒45。ほぼトレヴ自身が刻んだ400メートルが22秒64。後方の馬が追いつくのは不可能に近い走りだった。

昨年の戴冠後、背中の痛みにも苦しみ、勝利のなかったトレヴの鮮やかな復活に、ロンシャンは万雷の拍手に包まれた。

「みなさんご存知の通り、今年、彼女はいろいろな問題を抱えていました。だからこそ、去年より一段と嬉しいです」

会見時にそう話したヘッドマーレック調教師をよく知る記者は、いつも大レースを勝つとはしゃぐのに、今日はなんだかおとなしい。もしかしたら、今までにないほど感動しているのかも、と言った。

ティエリー・ジャルネ騎手は凱旋門賞最多タイの4勝目。前走から手綱が自分の元に戻ってきた愛馬を、こう評した。

「自分はこの馬のことをよく知っている。そして彼女は、このコースと、このレースのことをよく知っていたんです」

翌朝、トレヴのヘッドマーレック厩舎へ行った。森の中に開けた、エーグルの広大な芝の調教場。吐く息が白い。

厩舎には、世界各国の取材陣が30人以上も集まり、快挙から一夜明けたトレヴを撮影し、ヘッドマーレック調教師や父のアレック、元騎手で調教師の兄フレディらにインタビューしていた。

合間に、馬房から顔を出しているトレヴの傍に行き、鼻面をそっと撫でた。こんな幸運に恵まれるのは2回目だ。15年前、エルコンドルパサーが敗れた翌朝、ハモンド厩舎を訪ね、モンジューの鼻面を撫でて以来だった。トレヴはいかにも気位の高いお嬢様という感じだけど、モンジューはどうだったっけ。間抜けな話だが、そこまで考えてようやく気づいた。トレヴは、モンジューの孫じゃないか。

その瞬間、いま自分が触れているものの正体を知った気がして、鳥肌が立った。

それは、凱旋門賞を頂点とするフランス競馬とそこに関わるすべての人々が、長い年月をかけて営々と積み上げてきたものの、この15年間の結晶なのだった。

そして、心の底から気づいた。それが「甘くない」のは、当然のことなのだ。

エルコンドルパサーから15年。スピードシンボリからは45年。自分たちだけでなく、相手が積み上げてきたものへの敬意と、新たな試みを恐れない挑戦者精神。その両輪が回ったときに初めて、重い扉を開く力は生まれる。いささか抽象的だが、でもリアルな実感としてそう思った。

その午後、シャンティイ競馬場にいると、第7レースで雨が降り出した。雨は夜には土砂降りとなった。秋が急速に深まり始めていた。やがて冬が来て、春が来て、そしてまた次の凱旋門賞がやって来る。それまでに僕たちは何を積み上げることができているだろうか。空港へ向かいながら、そんなことを考えた。

close-up

2015年

日本ダービー

ドゥラメンテ

父：キングカメハメハ　母：アドマイヤグルーヴ（サンデーサイレンス）

いつも前向きで、率直に喜びを表現する陽気なイタリアン。これまでミルコ・デムーロ騎手が大レースを勝つたび、僕たちはそんなイメージ通りの姿を見てきた。でも、このダービーは少し違った。

ゴールの瞬間もガッツポーズはなかった。手綱を放して両腕を横に広げる「飛行機」ポーズもしなかった。喜びのあまり2着馬の騎手の頭を叩いたりもしなかったし、もちろん、下馬しての敬礼のような「粋」なパフォーマンスもなかった。

向正面でゆっくりドゥラメンテを止め、スタンド前へ戻るために踵《きびす》を返す。涙が溢れてきたのは、そのときだったという。

「ダービー、勝ったんだ。そこで初めてそう思って……泣けてきました」

スタンド前に戻ってきてゴーグルを外す。泣き顔が現れる。大観衆から巻き起こる「ミルコ」コール。デムーロはまず自分の力こぶを叩き、続いて馬を指す。

「ドゥラメンテはイタリア語で『強い』っていう意味。その名前の通りだった、すごく強かったと言いたかったんです」

地下馬道へ消える直前、泣きながら同時に笑っているような顔で、思い出したように「飛行機」ポーズをやってみせる。

どれほど嬉しかったのか。どれほど大きなプレッシャーと戦っていたのか。そしてどれほど、この勝利が特別なものだったのか。その表情が物語っていた。

3月1日から日本の騎手となったデムーロにドゥラメンテへの騎乗オファーがあったのは、

皐月賞の約3週間前だった。

ただ問題もあった。当時ドゥラメンテは賞金的に皐月賞出走が微妙な状況だったのだ。危険な賭けはせず、その日は阪神で乗ることにしておいた方がいい。周囲の意見は、むしろそちら寄りだった。

「でも僕は、もし皐月賞に出られるなら絶対に乗りたかった。そう伝えて、正式に決まるのを待ってますと言いました」

皐月賞は相性が良く好きなレースだったし、何より、ドゥラメンテは騎乗の機会を逃したくない魅力的な馬だった。

「すぐ共同通信杯のビデオを観ました。引っ掛かって2着で、こういう馬は大好き、得意って思いました(笑)。お父さんはダービー馬で、お祖母さんはオークス馬だから東京2400メートルはぴったり。でも引っ掛かる馬だから、最初はダービーより皐月賞が合うかなと思いました」

共同通信杯3着馬アンビシャスの鞍上は弟のクリスチャン・デムーロだった。

「じつはクリスチャンも、ドゥラメンテは強い馬だってずっと言ってたんです」

そして迎えた皐月賞、ドゥラメンテはデムーロが「こんな速い馬、初めて」と驚くほどの末脚で勝利を飾る。しかし4コーナーでの斜行により、デムーロは開催4日間の騎乗停止処分に。

この期間を利用し、デムーロはある決断を実行に移した。前年秋に負った鎖骨の怪我を完全に治すため、イタリアへ戻ったのだ。

「痛くはないので騎乗はできましたが、違和感はずっとあったんです。それでイタリアのスポーツ医学の権威に診てもらって、術後1週間だけ安静にすれば特別なリハビリは必要ないとわかったので、手術に踏み切りました。サッカーのイタリア代表ゴールキーパーのブッフォンなども治療した、有名なドクターです」

日本へはNHKマイルカップの週には戻ったが、大事を取りその週は乗らなかった。

「ダービー前に2週しか騎乗できないというのは、わかってはいたけどやっぱり不安でした。だからこの期間は、ひたすらジムでトレーニングしていました」

不安と戦うデムーロに、翌週の5月17日、嬉しい知らせが届く。弟のクリスチャンがイタリアでダービーを勝ったのだ。

「ちょうど手術で帰っていた際、このゴールドストリームという馬でダービートライアルを勝ったのを見ていて、この馬はダービーを勝てるよ、とクリスチャンに言ったんです。その通りになりました。ママからは電話で、クリスチャンが勝ったんだから、あなたも日本でダービーを勝ちなさいよ、と言われました（笑）」

そんな母親の激励は別としても、じつはイメージと異なり、デムーロは決してプレッシャーに動じないような豪胆なタイプではない。むしろ繊細で、今回もレース前夜はよく眠れなかったという。

「ネオユニヴァースの時も眠れなくて、顔に吹き出物が出たりしました。でも今思えば、あの時はレース直前に来日して、追い切りの後はすぐ調整ルーム、レースが終わればまたすぐ帰国ですからね。今回は2週間くらい前からダービーのことばかり訊かれて、それがプレッシャーになっていきました。落馬や騎乗停止も怖かった。こんな気持ちは初めてでした」

だからオークスが終わり、その週の木曜日にドゥラメンテの追い切りに跨るのが、ものすごく楽しみだったという。

「皐月賞の後、ドゥラメンテに会うのは初めてでしたし、どんなコンディションなのか、早く確かめて安心したかった」

ありがたかったのは追い切り前夜、堀宣行調教師が、そこまでの調整過程をすべて教えてくれたことだった。「細かいことまで、すべてです。あれで不安が晴れました」とデムーロは強く感謝する。

「ドゥラメンテは、すごく変わっていました。身体が強くなって、気性も成長していた。追い切りは最終コーナーでものすごい反応が返ってきて、ＯＫ、ちゃんとわかってる賢い馬だ、と思いました」

騎手はプレッシャーを克服し、馬は成長を遂げて迎えた大一番。あとはもう、レースで力強く勝利するだけだった。

「スタートはすごく良かった。リアルスティールが下げたのはわかりましたし、想定もしていました。皐月賞で差されたから、今度は後ろからもあるな、って」

1～2コーナーで少し掛かったが、向正面ではしっかりコントロールが利いていた。4コーナーでは内から少し押されたが、それも問題なかった。直線を向くや、残り500メートルで迷わずスパートした。

「内のサトノラーゼンがすごくいい手応えで、前にスペースがあるのが見えたんです。先に抜け出されたらまずいと思って仕掛けました。早く動いても止まるような馬じゃないと信じていましたから」

残り200メートル手前では、もう先頭。

「普通なら早いです。実際そこで一瞬、気を抜きました。でも内のサトノラーゼンが見えるとまた伸びましたし、余力はありました。逆にあそこで一瞬、息が入ったこともよかったんだと思います」

ゴールは1馬身4分の3差、完勝だった。

レース後の記者会見場にはイタリアの大新聞『イル・ソーレ・24オーレ』の記者もいて、日本の騎手になった理由などをイタリア語で訊ねていた。基本は経済紙で、デムーロも取材を受けたのは初めてだった。12年前にネオユニヴァースで勝ったときには、こんなことはなかった。

12年前との違いは、他にもあった。

「どこへ行っても、こないだのダービー、おめでとう！ って言われるんです。先日は郵便局で言われました。今までもGIは勝ってきたけど、こんなのは初めてです。やっぱりダービーは特別で、そして日本の騎手として、日本のダービーを勝てた実感がどんどん湧いてきました」

ファンに向けてのメッセージをお願いすると、デムーロは「いつもすごい応援をありがとうございます」と日本語で答えた。そして、やはり日本語で続けた。

「みなさん、僕にチャンスを与えてくれて、本当にありがとうございます」

それはたぶん、関係者やJRAだけでない、僕たちファンも含めた日本という国そのものへの言葉なのだった。

2016年

桜花賞

ジュエラー

父：ヴィクトワールピサ　母：バルドウィナ（Pistolet Bleu）

5戦4勝、敗れたのは伏兵にわずかに差されたアルテミスステークスのみの2歳女王メジャーエンブレムが、単勝1・5倍の断然人気に推されていた。これに次ぐのはメジャーエンブレムと未対戦の2頭。新馬、紅梅ステークス、チューリップ賞と3戦3勝のシンハライトと、そのチューリップ賞でハナ差2着だったジュエラーが、それぞれ単勝4・9倍と5・0倍、ほとんど並んで続いていた。

検量室前に戻ってきたシンハライトの池添謙一騎手が、いかにも悔しそうな、渋い表情で2着の枠場に愛馬を入れて馬を降りる。一方、そのすぐ後から戻ってきたジュエラーのミルコ・デムーロ騎手は、大きな叫び声で喜びを爆発させながら、隣の1着の枠場に入っていく。

同着でもおかしくないいんじゃないか。抜け出したシンハライトと、外から迫って並んだジュエラーの2頭によるゴールシーンは、そのくらい際どかった。首の上げ下げのタイミングだけなのに、乗っている当人たちにはやっぱり明らかなんだな。そう感心しながら見ていたが、でもそれは違っていたのだと後からわかった。池添騎手が敗れたことを悟り、デムーロ騎手が勝利を確信したのは、スローVTRを確認してから馬を迎えに出てきたスタッフの様子を見た瞬間で、それまでは自分ではわからなかったという。

騎手たちが検量室に消えて数分。写真判定の結果が出て、着順が確定した。ジュエラーの勝負服の柄と同じ、青と白のダイヤモンド模様のネクタイを締めた藤岡健一調教師が、ガッツポーズを作った。

「周囲はみんな勝ってるって言ってくれていたんですが、本当かなと思って。結果が出るまではドキドキしてました」

一瞬の間を置き、結果を知ったスタンドからは悲鳴のような歓声が巻き起こった。勝ちタイムは、アパパネの桜花賞レースレコードに0秒1差。ハイレベルな競り合いをハナ差で制した、第76代桜花賞馬の誕生だった。

ただ、このレベルの高さは、ある意味ではレース前から予見されてもいた。

前哨戦のチューリップ賞の勝ちタイムは1分32秒8。ウオッカがダイワスカーレットをクビ差で下した2007年のレースレコードを0秒9も更新する、驚異的なものだった。勝ったのはシンハライトで、ハナ差の2着がジュエラー。本番ではそれがそのまま逆転したところも、奇しくもあの年と同じということになる。

そしてさらに、ここにはその2頭すら抑え、単勝1・5倍と断然の1番人気に推されるほどの怪物がいた。2歳女王メジャーエンブレムだ。

2月のクイーンカップから直行というローテーションで臨んできたメジャーエンブレムは、そのクイーンカップで、レースレコードを1秒5も更新する1分32秒5という途方もないタイムを記録していた。しかもそれを、逃げて2着馬を5馬身ちぎりながらマークしているのだから、手の付けられない強さといってよかった。

筋肉量豊富な500キロ前後の雄大な馬体は、まさに牝馬離れという言葉がぴったり。その栗毛や額から鼻面にかけての白い流星、何より速いペースで先行してそのまま後続を突き放す走りは、父ダイワメジャーや、あるいは牝馬ということもあり、父の半妹であるダイワスカーレットを強く思い出させた。

ここもすんなり先手を取ればまず負けることはないはず。誰もがそう思ったからこその断然人気だったが、しかし競馬は時にその「すんなり」が難しいのだ。

スタートでわずかに後手を踏んだメジャーエンブレムは、内目の5番枠が災いし、そのまま馬群に閉じ込められる。勝負所でも状況は変わらず7番手あたりで直線へ。残り300メートルでやっと狭い隙間を抜け出して先頭に立ちかけたが、その時にはもう、外をシンハライトが素晴らしい末脚で駆け抜けていくところだった。

田村康仁調教師が「力を出し切っていないという評価はしたくない。向かない展開だったということ」と言うように、自分でレースを作れず、いちばん望んでいなかった〝キレ味勝負〟の形になってしまったメジャーエンブレムは、アットザシーサイドにも交わされて4着。そして、そんな「キレ味勝負」を最も得意としているのがジュエラーなのだった。

4コーナーでは後方2番手にいたジュエラーは、直線で一気に末脚を解放すると、大外を通ってライバルたちをごぼう抜き。瞬く間にシンハライトに迫り、ちょうど並んだところがゴールだった。

ジュエラーの父は、この世代が初年度産駒のヴィクトワールピサ。その父ネオユニヴァースから数えて、デムーロ騎手は3代連続でのGI制覇となった。「みんな僕の家族です」と言って笑わせた同騎手は、この日がいちばん下の娘さんの誕生日とのこと。さらに桜花賞は9回目の騎乗で初勝利だが、3年前にはレッドオーヴァルに乗り、弟のクリスチャン・デムーロが跨るアユサンのクビ差2着に敗れている。そんなもろもろが重なったこともあり「勝ちたかった。勝てて嬉しいです」と喜びもひとしおの様子だった。

また、藤原調教師はジュエラーの兄姉のほとんどを管理していて、いわば厩舎ゆかりの血統。桜花賞にも半姉のワンカラットとサンシャインが出走している。

父も母も、騎手も調教師も「家族」がキーワードとなった桜花賞だった。

2頭の差は、推定わずか2センチとのこと。そういえば、あのウオッカとダイワスカーレットの08年天皇賞・秋も2センチだったな。そんなことを後から思った。

2016年

菊花賞

サトノダイヤモンド

父：ディープインパクト　母：マルペンサ（Orpen）

2歳王者リオンディーズは秋を目の前に屈腱炎で引退。ダービー馬マカヒキも凱旋門賞へ向かって不在。最後の一冠は、皐月賞3着、ダービー2着で秋初戦の神戸新聞杯を制してきたサトノダイヤモンドと、やはり秋初戦のセントライト記念を制して臨む皐月賞馬ディーマジェスティの二強の構図で迎えることとなった。

レース後に行われた池江泰寿調教師の記者会見で、代表質問が一通り終わった後、記者の一人が、菊花賞に臨むにあたってはサトノダイヤモンドを長距離を走れるように、つまり意識して「ステイヤー」へと作り変えたのか、と質問をした。

その直前まで、池江調教師はサトノダイヤモンドの春からの成長と、神戸新聞杯からの状態の上昇について語っていた。

背や腰が緩かったのが、しっかりしてきた。パドックでも踏み込みが深く、前後の蹄がぶつかって落鉄してしまわないかとヒヤヒヤしたほどだった。「僕の厳しい調教メニューによく応えてくれました」と、池江調教師は愛馬を称えた。

確かにサトノダイヤモンドの成長と充実は、パドックに出てきた瞬間から誰の目にも明らかだった。もともと持っている能力の高さについては言うまでもない。

それほどの素材でも、3000メートルが未知の距離であることに変わりはない。だからこそ、どれだけそこを意識して準備したのかという質問は、どの記者にとっても最も聞きたかったことの一つだった。

「もともとこの馬は、ステイヤーの資質は持っていました」

と池江調教師は答えた。その場の全員が、メモを取りながら深く頷いた。一呼吸おいて、池江調教師は続けた。

「それを、よりステイヤー的な方向に作っていきました。ステイヤー、つまりメジロマックイーンやマンハッタンカフェのような方向ですね」

実際、2016年菊花賞はステイヤー的な能力――3000メートルをいかに忍耐強く、かつスムーズに走れるかが、如実に問われるような展開と結果になった。

ゲートが開くと、手綱を押して先頭に立ったのはミライヘノツバサだった。これに勢いよくサトノエトワールが並びかけ、2頭で後続を引き離していく。離れた3番手にはアグネスフォルテ。

菊花賞や天皇賞・春ではいつもそうだが、1周目のスタンド前では、どの騎手も折り合いに全神経を集中させているのが見る者に痛いほど伝わってくる。

クリストフ・ルメール騎手とサトノダイヤモンドは、先団の後ろでリズムよく運んでいた。後方では福永祐一騎手がじっと動かず、ひたすらレインボーラインをなだめている。5番手の好位置を確保したエアスピネルは、1コーナーあたりから明らかに掛かってしまい、たまらず前へ出ていく。頭を上げるパートナーを、武豊騎手が懸命に御そうとする。

向正面に入っても、ウムブルフが掛かって一気に上昇し、プロディガルサンは後方でぎくしゃくした動きを見せている。逆に、3コーナーを過ぎてペースが上がると、カフジプリンスやレッドエルディストが置かれ加減になっている。3000メートルのレースの流れに乗る。ただそれだけのことが、なんと難しいことか。

勝負どころで、サトノダイヤモンドが楽に外から進出していく。ハイレベルと謳われた世代でも屈指の能力を持つ素材に、3000メートル仕様の仕上げを施した成果を見せつけるような、素晴らしい手応えだった。その直後をマークするようにディーマジェスティが追う。一瞬、スタンドが一騎打ちへの期待に沸く。

しかし、直線はサトノダイヤモンドの独壇場だった。じりじりとしか伸びないディーマジェスティ。ずっと内で我慢してきたエアスピネルが最後の力を振り絞って抜け出す。後方からはレインボーラインが懸命に追い込んでくる。

しかしサトノダイヤモンドの脚色は衰えなかった。激しい2、3着争いを尻目に、雄大なフットワークでどこまでも伸び続ける。最後は2馬身半差。それは大げさではなく、メジロマックイーンにも、マンハッタンカフェにも勝るとも劣らない、完璧な勝利だった。


休み明けでいきなりレースレコードが出るほどの激しい競馬、さらに直線の不利も響いた皐月賞。ハナ差の惜敗後、左後肢の蹄鉄が外れてなくなっていることが判明したダービー。池江調教師の「やっと（すべての）力を出すことができました」という言葉は偽らざる本音だろう。

じつは、ようやくタイトルを獲ることができたというのは、オーナーの里見治氏も同じだった。その所有馬のレベルの高さから、いつGIを勝ってもおかしくないとずっと言われ続けながら、これが馬主生活24年目で初のタイトル。後日、「こんなにお祝いの花が届くとは思いませんでした。驚きました」と、嬉しそうに話されていたのが印象的だった。

ルメール騎手も、意外なことに日本のクラシックレースはこれが初の勝利だった。これまで国内外で数多くのビッグタイトルを獲得してきた名手は「今は子供みたいな気持ち、見習騎手みたいな気持ちです」という言葉で「初めての勝利」の感激を表現していた。

皐月賞は速い馬が、ダービーは運の良い馬が、菊花賞は強い馬が勝つ。三冠をそれぞれ別の馬が制した今年の牡馬クラシック、その最後の菊花賞を見ていて、そんな古い格言が頭に浮かんだ。

そして、もしかしたらこの格言、馬だけでなくそのオーナーやジョッキーにも当てはまるのかもしれないな。そんなことをふと思った菊花賞だった。

GI戦記 IV

2017

大阪杯	キタサンブラック
宝塚記念	サトノクラウン
菊花賞	キセキ

2018

大阪杯	スワーヴリチャード
天皇賞・春	レインボーライン
日本ダービー	ワグネリアン
天皇賞・秋	レイデオロ
有馬記念	ブラストワンピース

2019

日本ダービー	ロジャーバローズ

2017年 大阪杯

キタサンブラック

父：ブラックタイド　母：シュガーハート（サクラバクシンオー）

ＧⅠ昇格初年度の大阪杯に、前年の年度代表馬キタサンブラックが参戦。前哨戦は使わず、年明け初戦のぶっつけだった。２番人気は前年のダービー馬で京都記念３着のマカヒキ、３番人気は暮れの香港ヴァーズと京都記念を連勝のサトノクラウンと、ともに京都記念組が上位。また前哨戦として機能させるべく年末から移ってきた金鯱賞からは、勝ち馬ヤマカツエースの他、６着ステファノスなど５頭が出走してきた。

優勝したキタサンブラックと武豊騎手が、まるでファンにその勇姿を存分に楽しんでもらおうといわんばかりに、わざわざ遠回りをしてウイナーズサークルを通り抜けて、ゆっくりと戻ってくる。出迎えるために検量室前に出てきていた清水久詞調教師は、そんな愛馬を待つ間、横にいた馴染みの記者にホッとしたような笑顔を見せながら「鍛えた甲斐があったよ」と呟いた。いかにも自然に漏れた言葉は、その瞬間の清水調教師の気持ちを最も的確に表したものなのだと思えた。

キタサンブラックがハードなトレーニングを課されて強くなってきた馬であること、そして清水調教師が、そういう厳しいメニューで馬を鍛えていくタイプのトレーナーであることは、よく知られている。この大阪杯に向けても、坂路を1日に3本という、他ではなかなか見られない量の調教をキタサンブラックがこなしていることが報道で伝えられていた。

ただそれまでずっと、そんなキタサンブラックの調教に関して訊かれた清水調教師は、優秀なアスリートなんだから、さらに強くなるために強度の高いトレーニングが必要なのは当然のことだと思う、という答え方をしてきた。

だから大阪杯のレース後の会見で、キタサンブラックにはこれまでかわいそうなことをしてきたので、なんとか頑張ってほしかった、という意味のことを清水調教師が話すのを聞いて、少し驚いたのだった。そして同時に、理解した。

この大阪杯の勝利は、それくらい「攻めた」結果のものだったのだと。

自分が競馬を始めたときにはすでに存在していた、歴史と伝統を有するレースとしての大阪杯と、新しいGIとしての大阪杯。当初は特に区別して考えるつもりはなかった。しかし阪神競馬場に到着し、場内を満たす華やかな空気に触れた瞬間、その考えはすぐに改まった。

雲ひとつない好天のもと、前日の寒さが嘘のような暖かい陽射しに恵まれた阪神競馬場には、朝から本当に大勢の観客が訪れ、賑やかに競馬場での一日を楽しんでいた。ちなみに入場者数の4万7336名は、翌週の桜花賞を上回っている。溢れる昂揚感は、この日に行われるのがそれまでの大阪杯とは違う「GⅠ」であることの、何よりもの証明だった。

初めて競馬場を訪れたような観客にとっても、またグレードが変わったことで具体的にレースの質や結果がどう変化するのかが気になるような、ある程度以上の競馬歴を有するファンにとっても、このレースにおける最大の注目馬がキタサンブラックであることは同じだった。

2000メートルという距離は、少なくとも戦歴が抱かせるイメージにおいては、キタサンブラックにとって「短い」ものとして映った。3歳秋以降に走った9戦中、8戦は2200メートル以上で、唯一の2000メートル戦だった前年の大阪杯は2着。それも、自分のペースで逃げながら直線でアンビシャスに差される形だった。

しかも今年はGⅠで、より先行馬に厳しい流れとなる可能性は高い。ポイントは、マルターズアポジーとロードヴァンドールという2頭の逃げ馬の存在だった。どちらも2000メートル前後が主戦場で、後続にも脚を使わせながら粘り込むスタイル。長めの距離で先行して活躍を続けるキタサンブラックは、このタイプの逃げ馬との対戦は多くはなかった。確かにマルターズアポジーは暮れの有馬記念に出走していたが、得意な距離ではないこともあり、直線を向く前に他ならぬキタサンブラックに捕まり、早々と脱落。しかし今度は、そう簡単にはいかないのでは。そんな苦戦を予想する向きもあった。

だがキタサンブラックの競走馬としての器は、そんな逆風などほとんど関係ないほどの大きさに達していた。この大阪杯で、僕たちはそれを知ることとなる。

パドックに現れたキタサンブラックの馬体重は540キロ。有馬記念から4キロ増え、デビュー以来の最高だった。レース間隔を考えれば増えたこと自体は不思議ではないが、問題はその「中身」だった。

あくまで個人的な印象ではあるが、その馬体が驚くほど無駄のない、すっきりと引き締まったものに見えたのだ。もちろん、太いとか余裕があるなどという状態とは正反対の印象だ。例えばジャパンカップの頃は、はちきれんばかりに膨らんだその筋肉の充実に驚かされたものだが、それとはまた違った凄みがそこには漂っているように感じられた。

レース後の会見で武豊騎手は、有馬記念以来、初めて跨ったというこの日のパドックでのキタサンブラックの印象を、「また大きくなったと感じた」と語った。

ハードな調教を施され、見かけはすっきりしていて、でも馬体重は増えているのは、骨格から大きくなったからなのだと考えれば、この言葉は合点がいった。

いずれにせよキタサンブラックにとって、この2000メートルのGIである大阪杯は、5歳の春を迎えていまだ成長し、調教によって強くなり続けていることを示す格好の舞台となったのだった。

2番手のロードヴァンドールを3～4馬身引き離すマルターズアポジーの逃げは、一見、大逃げに見えながら、しかし前半の1000メートルが59秒6と決してハイペースと呼べるものではなかった。

キタサンブラックは、サクラアンプルールと並ぶように3、4番手を落ち着いて追走していた。スタート後に二の脚を利かせて前の位置を取りながら、こうしてすぐに折り合えるのは、キタサンブラックの稀有な能力の一つといえた。

例えばアンビシャスは、掛かってしまう懸念から序盤に動けず、道中はじっと後方2番手。直線で差を詰めたがそれも5着まで。レースを自分で作れない、他力本願な面が出てしまった。

2番人気に推されていたダービー馬マカヒキも、少し形は違うが、やはり自在性の不足が痛い形で出た。大外枠もあり、道中は後方3番手を進んでいたが、向正面で内の馬から外へ押し出されたことで、掛かってしまう。さらにはそこからずっと外を回らされ続けたこともあり、直線は4着まで押し上げるのが精一杯だった。

3番人気で6着に沈んだサトノクラウンも、ミルコ・デムーロ騎手によれば、ジリジリと伸びる馬なので内回りコースは向かなかったとのこと。海外GIを完勝するほどの馬でも、阪神

2000メートルの舞台にアジャストできなければこうなるわけで、そのことはどんなコースでも自分の流れを作れるキタサンブラックの凄さを、逆説的に示しているともいえた。

3コーナー過ぎに手応えのなくなったロードヴァンドールを捉えて2番手に上がったキタサンブラックは、余裕の手応えで直線を向いてスパート。残り250メートルほどでマルターズアポジーを交わすと、あとは大きなストライドを存分に伸ばす。ステファノスが必死に追うが、差の詰まる気配はほとんどないままゴール。他の馬など最初から最後まで目に入っていないかのように、自分のペースで、自分の走りをして後続を突き放すその姿は、まさに王者と呼ぶに相応しいものだった。

印象的だったのは、2着のステファノスの完璧な競馬ぶりだった。「前のポジションを取りに行こうと話していた」と言うように、川田将雅騎手はいつものように後ろで脚をためず、積極的に前へ。道中はずっとキタサンブラックをマークする位置で虎視眈々とレースを進めた。

しかし結果は、並びかけることもできずに完敗。藤原英昭調教師は「そういう競馬をするように馬を作って、狙い通りできたのに。さすが年度代表馬です」と、半ば呆れたようにその強さを称えていた。

強烈な末脚を持つステファノスを、最後の瞬発力勝負でも寄せ付けなかったキタサンブラック。その走りは、同じ大阪杯でアンビシャスに差された1年前から比べ、さらなる進化を遂げていることのわかりやすい証ともいえた。

記念すべきGI昇格初年度の大阪杯を忘れがたいものにしたのは、レースと馬だけではなかった。記者会見で、オーナーの北島三郎さんから、年内での引退が既定路線とされていたキタサンブラックが、翌年も現役を続行するというサプライズ宣言が飛び出したのだ。

「寂しくなっちゃうから、引退はやめました！」

お茶目な口調で語られた衝撃的な内容に、集まった報道陣からは文字通り、驚きの声が上がった。

また北島オーナーからは「春、夏を越えて、調子が良くて皆さんが望むなら、外国も反対しません」という言い方で、海外遠征への事実上のゴーサインも出され、これも記者たちのどよめきを誘った。

大阪杯はGI昇格となったこの年から、勝ち馬には9月にアイルランドのレパーズタウンで行われる10ハロンのGI、愛チャンピオンステークスへの優先出走権が与えられることとなっていた。凱旋門賞への重要なステップレースでもあるこのレースに出走するかどうかは別として、ここで言う「外国」が凱旋門賞を念頭に置いたものであることは明らかだった。実際、この数日後には清水調教師から、あらためてオーナーと話して、凱旋門賞の出走登録をすることになったと発表があった。

まずは天皇賞・春でサトノダイヤモンドにリベンジ。宝塚記念で前年の雪辱を果たし、秋は凱旋門賞へ。さらに翌年も現役を続けるキタサンブラックの前には、大阪杯の連覇などさまざまな夢が広がる。*

そしてそれらの夢を実現していくものこそ、キタサンブラックが持っている底の知れないほどの成長力なのだ。

会見で天皇賞・春への意気込みを訊かれた清水調教師は「変わったことはやらず、いつも通りに」と答えた。

つまりこれからもキタサンブラックは鍛えられ、そして強くなり続ける。そう期待していいということとなのだった。

＊天皇賞・春はレコードで史上4頭目の連覇を達成。サトノダイヤモンドは3着で、まさに有馬記念のリベンジ達成となった。しかしその後、凱旋門賞は登録するも回避し、秋は国内で走って年内に引退した。

◇2017年

宝塚記念

サトノクラウン

父：Marju　母：ジョコンダⅡ（Rossini）

11頭立てとGⅠとしては少頭数となった一戦は、大阪杯、天皇賞・春と連勝中のキタサンブラックが単勝1・4倍の断然人気。ここも勝って秋は凱旋門賞へ。誰もがそう思っていた。2番人気はシャケトラで、天皇賞・春は9着と敗れたが、その前走の日経賞では重賞初制覇を達成。これに次ぐ3番人気が大阪杯6着のサトノクラウンとなっていた。

ぼってりと熱く湿った梅雨の空気を切り裂いて、サトノクラウンが馬群を抜け出してきた。離れた内で食い下がるゴールドアクターを振り切ってもなお、その足取りは余力十分。力強く先頭でゴールを駆け抜けた愛馬の鞍上で、ミルコ・デムーロ騎手が小さく、しかし気持ちのこもったガッツポーズを作った。6着に終わった前走、大阪杯の雪辱を果たすと同時に、昨年暮れの香港ヴァーズでアイルランドの強豪ハイランドリールを破った走りがフロックなどではなかったことを証明する、見事な勝利だった。

2着には4分の3馬身差でゴールドアクターが入った。後方から直線の末脚に懸けたミッキークイーンが3着に食い込み、先行勢では唯一、粘ったシャケトラが続く。次々となだれ込む後続馬。そしてサトノクラウンから遅れること1秒3。11頭中の9番目に、ようやくキタサンブラックがゴールを通過した。ファンも関係者も、誰にとっても、これほどの大敗は想定の範囲外だった。

単勝1・4倍のオッズが示す通り、この宝塚記念の中心がキタサンブラックであることは衆目の一致するところだった。

11頭立ての少頭数、しかも確たる逃げ馬も見当たらない今回は、たぶん自分のペースで先行できるはず。天皇賞・春のレコード勝ちは5歳にしてなお進化していることの証で、負けるはずがない。万一があったとしても、大敗は絶対にない。ファンの多くがそんなふうに考えていた。

前夜から朝にかけて降った強い雨の影響が残り、芝は稍重でレースを迎えた。ゲートが開くと、キタサンブラックをはじめシャケトラ、クラリティシチーら何頭かが様子を窺いながら前へ出ていく。どの馬が逃げるのか。200メートルほど進んだ正面スタンド前、意を決したように先頭に立ったのは、なんと過去、一度も逃げたことのないシュヴァルグランだった。

「(レース前から)逃げるのもありかな、と思っていました」

という福永祐一騎手を背に、シュヴァルグランが先頭で馬群は1コーナーから2コーナーへ。

2番手にシャケトラ、3番手の外にはキタサンブラック。しかしペースは決して速くはない。流れに異変が起きたのは、向正面に入ってすぐだった。キタサンブラックのさらに外からサトノクラウンが上昇し、並びかける。突つかれた形のキタサンブラックが前に出るが、サトノクラウンはこれには付いていかず、再び位置を下げた。

一見、無意味な上下動にも映った。だがこれによりキタサンブラック、シャケトラ、そして先頭のシュヴァルグランの3頭のペースが一気に上がっていたのだ。

レース後、サトノクラウンの堀宣行調教師はこの騎乗について「ミルコさん、さすがだと思いました」と称賛した。

ライバルに主導権を握らせず、先に動くことで、自らに有利な流れへと誘導する。デムーロ騎手自身は「2200メートルの距離がサトノクラウンには少し忙しいと思って、早めに動きました」と語ったが、いずれにせよこのアクションが大きく影響し、先行馬たちはここからずっと、息の入らない流れを強いられることとなる。

後半1200メートルの70秒8、1000メートル59秒1は、ともに阪神競馬場が改装された2007年以降の宝塚記念における、最速ラップとなった。しかも馬場は稍重。いかに後半が厳しい、ハイレベルなロングスパートの流れになったのかがわかる。

直線、シュヴァルグランが早々と下がる。シャケトラが先頭に立ち、その外からキタサンブラック。しかしどちらも、そこからが苦しい。替わって後方で脚をためていたゴールドアクターが、内を突いて一気に伸びる。粘るシャケトラ。ずるずる後退するキタサンブラック。そしてサトノクラウンが、外からそれらを豪快に交わしていったのだった。

2分11秒4は、良馬場以外で行われた宝塚記念、もっといえば阪神芝2200メートル戦における、過去最速のタイムだった。

キタサンブラックの敗因を求める報道陣に囲まれた清水久詞調教師は「直線は、どうして伸びてこないのかと……馬場なのかなあ」と力なく話した。武豊騎手は「馬場が理由にしても止まりすぎ」と言い、「わからないです」と困惑した。

緩い馬場。レースを作れず、自分のタイミングでスパートできなかったこと。そして後半の異常なハイペース。もしかしたら天皇賞のレコード勝ちを含む春の激戦の疲れ。たぶん理由は複合していて、単純にこれだとは決められないのだ。

一方、サトノクラウンの堀調教師は勝因を訊かれると、いつもの柔らかい口調で、しかしきっぱりと「状態だと思います」と即答した。良い状態でレースを迎えることができたから、という意味だ。

大阪杯は、美浦からの輸送と環境の変化で馬体重が大きく減り、結果的に追い切りが状態のピークになってしまった。

「そのリベンジにスタッフ一丸で取り組みました。遠征してきた関東馬の馬房ではなく、他の馬が少なくて落ち着ける当日輸送の関西馬が入る馬房を使わせてもらったり。輸送対策でも、馬運車内の枠を広げて緊張を和らげるなどしました」

堀調教師が語る具体的な施策の数々に、報道陣からも思わず感嘆の声が漏れる。

デムーロ騎手が「フレッシュな時はテンションが高い馬なのに、大阪杯は落ち着きすぎ。今日は逆に少し心配になるくらい元気だった」と笑ったように、確かにこの日のサトノクラウンは、パドックから走る気が見た目にも漲っていた。

またサトノクラウンの良さを訊かれたデムーロ騎手は「スタミナがすごい馬。今日のような馬場も合います」と答えた。

状態が良く、馬場も合い、そして武器のスタミナが活きる流れになった。圧勝と呼べるほどの勝利は、必然だったのだ。

そしてもう一つ。サトノクラウンが香港ヴァーズで下したハイランドリールが、この4日前、アスコットで伝統のGⅠプリンスオブウェールズステークスを制していた。

17年宝塚記念を制したのは、つまり、そういうレベルで戦い、勝ってきた馬なのだった。

◇2017年

菊花賞

キセキ

父：ルーラーシップ　母：ブリッツフィナーレ（ディープインパクト）

ダービー馬レイデオロは神戸新聞杯勝利後、ジャパンカップへ。2着のスワーヴリチャードも回避。3着アドミラブルも脚部不安で休養。ダービー上位馬が不在の菊花賞は、夏に条件戦を連勝し、神戸新聞杯で2着に入った上がり馬キセキが1番人気となった。皐月賞馬アルアインが2番人気、そのアルアインをセントライト記念で破ったミッキースワローが3番人気となっていた。

ずぶ濡れでパドックを周回する菊花賞の出走馬を見ていると、大粒の雨が傘を激しく叩く音に混じって、あちこちの携帯電話から一斉に避難勧告などを知らせる緊急速報のアラーム音が鳴った。風もずいぶん出てきている。こんな中で3000メートルを走るなんて、いったいどんなレースになるんだろう。そんなことを思った瞬間、また一段と雨が強くなった。

台風21号の接近に伴う雨は、記録的なレベルで馬場に水分を含ませていった。芝もダートも朝から不良。第5レース、芝2000メートルの新馬戦のタイムは2分12秒9で、これは少なくともここ30年間で最も遅い「逆コースレコード」だった。

こんな菊花賞、もしかしたらもう二度と見られないかもしれない。土砂降りの京都競馬場に集まった3万1097人は、たぶん誰もがそんな予感を抱いていた。

天候以前に、今年の菊花賞はメンバー構成からすでに難解な様相を呈していた。

神戸新聞杯を完勝したダービー馬レイデオロがジャパンカップへ直行することもあり、人気は神戸新聞杯2着のキセキ、皐月賞馬アルアイン、そのアルアインをセントライト記念で差し切ったミッキースワローの順。3頭中2頭が春のクラシック不出走馬で、4・5倍、4・9倍、5・2倍というほぼ差のない単勝オッズが、その力量比較の難しさをよく現していた。


レースは、マイスタイルが後続を離し気味に逃げて進んだ。後にアルアインのクリストフ・ルメール騎手が「4000メートルのレースを走ったみたい」と疲れた顔で振り返ったように、どの馬も走りにくい場所を避け、内を大きく空けている。

2周目の向正面の終わり頃、早くもマイスタイルが力尽きて後退を始めた。各馬の意識が前がかりになり、馬群が詰まる。3コーナーの坂を下りながら、外からダンビュライトが勢いよく上昇して先頭を窺う。先行していた馬たちが馬群に飲み込まれ、一気に消耗戦の気配が漂う。

そんな中、目立って手応えが良かったのがクリンチャーだった。外を回ってすいすい上昇し、一気にダンビュライトに並んで先頭に立つ。その後ろからはミッキースワローも上がってきた。

これに離されまいと、キセキも激しく手綱を動かして追われながらぴったりついてくる。馬群が横に広がった直線、ダンビュライトとミッキースワローを振り切って前に出たクリンチャーに、内から伸びたポポカテペトルが並びかけた。２頭が抜け出した次の瞬間、それらを大外からまとめて交わしていったのが、キセキだった。

スタートで遅れ、後方となったキセキ。しかしミルコ・デムーロ騎手は「ノリさんの馬（ミッキースワロー）が雨の中で未勝利戦を勝っていて、こういう馬場は合いそうなのでついて行きました」と、まったく慌てず。むしろ高い能力を持つライバルを格好の目標として、直線の爆発力を引き出す好騎乗へと繋げた。

泥だらけで検量室前に戻ってきたデムーロ騎手は、会見で馬場について「水が浮いてました。ヨーロッパでもこんな馬場は珍しいです」と驚きながら話した。

２着に粘ったクリンチャーの藤岡佑介騎手もフランスで武者修行の経験があるが、やはり「なかなかないレベルの重馬場でした」と、この特殊な馬場を評した。

勝ちタイムはなんと３分18秒９。これより遅いタイムは71年前、戦後最初の菊花賞まで遡らなければ見つからない。上がり３ハロンで40秒を切ったのはキセキのみ。まさに記録的な、もう二度と見られないかもしれない菊花賞となった。*

ただし、特殊な状況下のレースだからといって、それがキセキの勝利の価値を損なうことはまったくない。

こんなデータがある。グレード制導入以降、芝の不良馬場のGⅠはこの菊花賞までに12レースあったが、そのうち11レースを3番人気以内の馬が、そして半分の6レースを、この日のキセキと同じく1番人気馬が制しているのだ。しかも勝っているのはタイキシャトルやオルフェーヴルなど、掛け値なしの名馬ばかりだ。

天候や馬場が、ひどく荒れても。そんな時こそ、むしろ真の競走馬としての総合力が問われる。そういうことなのだ。

角居勝彦調教師は会見で「奇跡のような競馬が、この天候の中でできたことに感謝します」と、馬名にかけたコメントで、自身三度目の菊花賞勝ちと、現役時代に管理したルーラーシップ産駒の初GⅠ勝ちを自らの手で成した喜びを語った。

たしかに、奇跡のように力強い末脚だった。でも、その勝利は奇跡などではない。記録にも、そして記憶にも残る菊花賞の勝ち馬キセキは、まさにいま名馬への道を歩み始めたのだ。

＊もちろんその後も、これほど遅いタイムは出ていない。

2018年

大阪杯

スワーヴリチャード

父：ハーツクライ　母：ピラミマ（Unbridled's Song）

前年はダービー2着、有馬記念4着とGⅠにはあと一歩で手が届かず。前哨戦の金鯱賞でサトノダイヤモンドらを破ったスワーヴリチャードが悲願の初タイトルへ向け、1番人気でレースを迎えた。京都記念2着で始動した皐月賞馬アルアインが2番人気。サトノダイヤモンドは前年秋のフランス遠征以来となった金鯱賞でまさかの3着に敗れたこともあり、3番人気にとどまっていた。

レースが終わり、スワーヴリチャードが検量室前へ戻ってくるのを待つ間、多くの記者の頭の中は、さっきのミルコ・デムーロ騎手の騎乗にはいったいどんな「魔法」が使われていたのだろうという疑問で一杯になっていた。いや、記者だけじゃない。たぶんそれは、レースを見ていたすべての人にいえることだった。

出遅れ。向正面での上昇からの3コーナー先頭。不得手なはずの右回り。直線における手前（走るフォームの軸足）。確認したい「魔法」は山ほどあった。

見た者の感情を激しく揺さぶるレースは稀だ。でもそれと同じくらい、知的好奇心とでも呼ぶべき心のロジカルな部分をこれほどまでに刺激してくるレースも、そう滅多にあるものではなかった。

会見で語られたデムーロ騎手の言葉で最も興味深かった一つが、スタートの出遅れについてのものだった。

「外側の芝が長いので、スタートから出していったら脚がなくなると思って、まずはじっくり。ペースが遅ければ、上がっていこうと思っていました」

促して前に行こうと思えば行けた。しかし15番枠からそれをすると、パワーが要る状態のコース外側の芝を走らなければならない。だから、あえて最初は後方のインを進んだ。そういうことだった。

でも阪神競馬場で見守る4万人近くの観衆は、そんなことは知らない。前でレースをするだろうという予想を裏切られ、ざわつくファンを詰め込んだ正面スタンド前を馬群が通過していく。誰の目にもスローペースは明らかで、2コーナーでゴールドアクターが抑えきれない手応えで前へ。向正面に入ると、やはり先行したかったのに後手を踏んでしまったトリオンフが、外から位置を上げていった。

そこで大観衆が大きくどよめいた。その直後から、とんでもない勢いでスワーヴリチャードが上昇してきたからだった。

向正面の終わりにはトリオンフすら交わし、早くも先頭のヤマカツライデンに並びかけたスワーヴリチャード。ここで次の「魔法」が矢継ぎ早に繰り出される。

3コーナー直前でいったん手綱を抑えたデムーロ騎手は、愛馬に一息つかせつつ、今度は距離のロスを最小限にとどめることだけに集中したような走りで3～4コーナーを回っていったのだ。

レース後、デムーロ騎手が「3コーナーの件で、少し裁決に呼ばれました」と明かしたように、馬群の外を上がったトリオンフの、さらに外から被せるように交わしていったコーナーリングは、相当にシビアなものだった。しかし、4コーナーを回りきる前に単独で先頭に立ち、内ラチ沿いの位置で直線を向くには、その厳しさはどうしても必要なものだった。

すべては、直線できちんと手前を替えるため。「右回り」克服のためだった。

右回りだと最後の直線でうまく手前を替えられないというのは、このレースのずっと前から指摘され続けてきた、いわばスワーヴリチャードの「弱点」だった。

左右の後肢のバランスが原因で、左脚を軸に走る「左手前」が苦手なスワーヴリチャードは、「右手前」でコーナーを走る右回りのレースでは、最後の直線でもそのまま疲れた「右手前」のまま走り続けてしまいがちになる。有馬記念でも、それで苦しくなり、伸びを欠いた。

直線に入ってすぐ苦手な「左手前」へと切り替えるためは、内ラチに頼って走るのが最も簡単で、効果的なのだった。

とはいえ「有馬記念ではスローで馬群の外々を回らされました。それだけはイヤでした」というように、外から強引にマクるだけですむなら誰も苦労はしない。

コーナーはロスなく。上昇は向正面の直線部分で。口で言うのは簡単だが、デムーロ騎手の技術だけではなく、それを実現できるスワーヴリチャードの操縦性の高さこそが「魔法」の源だった。

直線、フレッシュな左手前に替えたスワーヴリチャードは、必死に追うアルアインを力強く突き放す。そして坂を上がりきった残り100メートル弱、再び得意の右手前へフォームをスイッチすると、最後のペルシアンナイトの鋭い追い込みも完璧に封じこめてみせたのだった。

スワーヴリチャードはこれが四度目のGI挑戦。現7歳馬が最初の持ち馬というオーナーの㈱NICKSともども、嬉しい初タイトルとなった。

開業12年目の庄野靖志調教師も、これがJRAのGI初制覇。14年セレクトセールで1億5500万円（税抜）で取引された期待馬の初戴冠に、ゴール後は涙を隠さず、関係者と次々と抱擁を繰り返した。庄野調教師がこの馬のレース後に涙を見せるのは、これが三度目。新馬戦、ダービーと、ともに自身は勝てると信じて臨みながら2着に終わった悔しさを晴らす、待ちに待った嬉し涙となった。

「前走の金鯱賞はまだ余裕があったから、調教量を減らさないようにしました」という庄野調教師。中2週でしっかり調教しながら、馬体重は前走比わずか4キロ減。ダービー時と比べれば24キロも増えているのは、まさに充実期に入った証だ。

気がつけば、5歳のサトノダイヤモンドも6歳のシュヴァルグランも掲示板におらず、4歳馬が1〜3着独占。キタサンブラックの去った芝中長距離界に、初夏の熱を含んだ、新しい風が吹いた。

2018年

天皇賞・春

レインボーライン

父：ステイゴールド　母：レーゲンボーゲン（フレンチデピュティ）

過去2年、このレースを連覇したキタサンブラックはターフを去った。それならばというわけで、2年前3着、前年2着のシュヴァルグランが、前走の大阪杯では13着に大敗しているにもかかわらず1番人気に推されていた。これに続くのが、阪神大賞典を勝って本格化を思わせるレインボーライン。ナカヤマフェスタ産駒で日経賞を勝って勢いに乗るガンコが3番人気となっていた。

直線、先頭に立って押し切ろうとするシュヴァルグランを内からレインボーラインがぐいっと交わし、ゴール板を通過したその瞬間には、もう出走各馬の関係者はみんな席を立ち、スタンドのいちばん端の外階段へと向かっていた。誰の表情も、レース直後の軽い興奮を帯びている。いつもの、京都のGⅠの光景だ。

際どいが、しかし勝敗は明らかだった。あとは少しでも早く検量室前へ降りて、戻ってくる自分の愛馬を迎えたい。そんな気持ちで、誰もがいま終わったレースについて簡単な感想を述べあいながら、ごった返す狭い階段を急ぎ足で降りていく。その中には、勝ったレインボーラインの浅見秀一調教師の姿もあった。

周囲の人たちから次々と祝福の言葉をかけられ、嬉しそうに応えながら降りていく浅見調教師。階段と、その下の検量室前からはコースの全容は見えないため、そのときはまだレインボーラインに異変が起きていることには気づいていない。

検量室前に降りると、岩田康誠騎手がゴール後すぐに馬を止めて下馬したようだ、という話が伝わってきた。ざわつく関係者や記者たち。コースの方へ様子を見に行く者。検量室のモニター画面に見入る者。そうこうしているうちに、敗れた馬たちが続々と戻ってくる。リプレイ映像を見ると、ゴールと同時に、レインボーラインがガクッと躓くような動きを見せていたことがわかった。

やがて、レインボーラインが馬運車に乗せられてとりあえず厩舎へ行ったという話が伝わる頃、岩田騎手が戻り、勝利ジョッキーインタビューが始まった。

岩田騎手は、2015年桜花賞のレッツゴードンキ以来、これが約3年ぶりのJRA・GI勝ちだった。仕掛けを我慢し、インを突いて一気に末脚を爆発させる、あの岩田の得意技がようやく大舞台に帰ってきた。3年は短くない。ファンはもちろん、誰より岩田騎手本人がその喜びに浸りたかったはずだが、しかしインタビューは「嬉しいんですけど、ちょっと馬の具合が心配というか……」と〝心ここにあらず〟なものとなってしまう。

口取り写真も、馬がいないため関係者だけがコース上に並んで撮影された。また、浅見調教師は馬の様子を見るために厩舎へ行ってしまい、会見は行われなかった。のちにJRAを通じて発表されたコメントは「着順は最高でしたが、レース後の馬の状況が状況なので、心苦しいです。次に向けて何とかケアしてあげたいと思います」というものだった。

同時にレインボーラインには、右前肢跛行の診断が下った。レース3日後には栗東トレセン診療所で精密検査が行われたが、それ以上の確定診断には至らず。ノーザンファームしがらきに移動し、そこで経過が観察されることとなった。

思わぬアクシデントにより、異例ずくめとなってしまった18年天皇賞・春。

しかし、だからといって稀に見る熱く激しいものとなったレースそのものの価値は、いささかも減じない。

そして忘れてはいけないのは、ついにＧⅠホースに上り詰めたレインボーラインの、その確かな成長への称賛だろう。


長らくトップに君臨したキタサンブラックが去り、中長距離路線には新たな風が吹き始めていた。手始めが大阪杯のスワーヴリチャード。この天皇賞・春は新王者決定戦の「第2弾」ともいえた。

サトノダイヤモンドや4歳のタイトルホースが不在ということもあり、17頭中、ＧⅠ馬はシュヴァルグランのみ。天皇賞・春でＧⅠ馬が1頭というのは、10年以来8年ぶりのことだった。その前となると、さらに15年前の１９９５年まで遡る。

クリンチャーやサトノクロニクル。上がり馬のガンコやチェスナットコート。「キタサンブラック時代」からガラッと入れ替わった新鮮なメンバーは、いかにも次の王座を争うのにふさわしく映った。

快晴の京都競馬場には強い陽射しが照りつけ、最高気温は30度に迫る勢い。そんな暑さの中、ゲートが開いてまず飛び出したのはヤマカツライデンだった。

1周目スタンド前を先頭で通過したヤマカツライデンは、戦前の宣言通り、1コーナーあたりからペースを上げ始めた。あっという間に大逃げの形となり、馬群は緊迫感たっぷりの縦長となる。

向正面で、勝つにはこれしかないという声が聞こえるような勢いで、サトノクロニクルが上昇を始めた。武豊騎手の騎乗停止で急遽、起用された三浦皇成騎手も、細心の手綱さばきでクリンチャーをなだめながら、じわりと前に迫る。

3コーナー過ぎ、3~4番手のシュヴァルグランが抜群の手応えでガンコに並びかけ、後続馬群の先頭に立つ。みるみるヤマカツライデンとの差が詰まる。

4コーナーを回って直線を向いたとき、馬群はほぼ完全にひと塊になっていた。抜け出すシュヴァルグラン。その後を必死に食らいつくクリンチャー。最内からミッキーロケットが伸び、大外からはジリジリとチェスナットコートが迫る。まさに追い比べ、文字通りの大激戦だった。

そして中団から、馬群を縫うようにレインボーラインが鋭く前に迫る。シュヴァルグランの内に入ると、もうひと伸び。クビ差、前に出ると、ゴールまではあとほんの数完歩。ガクンとつんのめったのは本当に、最後の一歩だった。

レインボーラインは、この天皇賞・春が通算10度目のGⅠ挑戦での初勝利。これはカンパニー（09年天皇賞・秋）の13戦目、キングヘイロー（00年高松宮記念）の11戦目に次ぐ多さとなる。でも、この記録の陰のトップは通算20戦目、最後に香港のGⅠで初戴冠を果たした、レインボーラインの父ステイゴールドだ。

昨年秋の天皇賞の頃から、岩田騎手はこの馬に跨るたびに「以前よりずっと良くなってきた」と言い続けてきた。

まさしく父譲りの成長力で摑んだ初タイトル。そういえば、父の初GⅠ勝ちは7歳暮れだった。まだまだ伸びしろはある。まずは怪我を治し、またターフに戻ってこられるよう祈りたい＊。

＊その後、怪我の経過観察が続けられたが、翌月、右前繋部浅屈腱不全断裂で引退、種牡馬入りとなった。

close-up

2018年

日本ダービー

ワグネリアン

父：ディープインパクト　母：ミスアンコール（キングカメハメハ）

軽やかな回転のピッチ走法。軸のぶれないフォームは、走るというよりは、まるで滑るように小柄な馬体を前へと運んでいく。いったん加速が始まれば、どこまでも伸びていきそうな末脚。そして福永祐一騎手が「あの体格の馬ができるレースじゃない」と驚き、称賛した、ダービーでの一途な頑張り。

そんなワグネリアンの走りの原点を、北の大地に探し求めた。

ワグネリアンの祖母ブロードアピールは、同じ金子真人オーナーの名義で息長く走り、ダート短距離戦を中心に重賞6勝。強烈な追い込みでファンに人気のある馬だった。ワグネリアンのピッチ走法の源泉を訊かれれば、誰もがまず、この牝馬の回転の速い末脚を思い出すはずだ。

ノーザンファームの繁殖主任である佐々木啓さんによると、ブロードアピールは「すごくおとなしくて、スタッフに可愛がられる馬でした」とのこと。

繁殖牝馬としての評価も高く、4番目に産んだ牝馬は、2006年セレクトセールの当歳牝馬で2番目に高額な1億1200万円（税抜）で取引されている。

落札したのは金子真人オーナー。ミスアンコールと名付けられたその牝馬は、9戦1勝で現役を引退すると、そのままオーナーが所有する預託馬として、ノーザンファームで繁殖入りした。

ブロードアピールは乳の出が良くなかったとのことだが、ミスアンコールもこれに似たのか、やはり育児で苦労した。

「痛くて授乳を嫌がるので、3日目から乳母を付けました。初仔からずっとそうだったのですが、ここ2年は乳も出るようになり、自分で子育てしていますよ」

と佐々木さん。そんなミスアンコールは初仔から3頭続けて牡馬を産んでいて、牡馬はワグネリアンが初めてだった。

「仔はみんなタイプが違います。ワグネリアンは生後の体重が51・5キロで平均より小さめでしたが、すごく良い馬でしたよ。父のディープインパクトによく似た素軽い感じで、脚元もしっかりしていて。ダービーを勝ったから言うわけではなくて、本当にひと目で気に入りました」

これまでキングカメハメハ、ドゥラメンテ、マカヒキと3頭のダービー馬に携わった経験のある佐々木さん。そんな佐々木さんだけでなく、そこから関わっていったスタッフは、誰もがワグネリアンのことを気に入ったのだという。

「この馬が生まれた厩舎、乳母を付けるために行った早来の厩舎、それから離乳まで育てた遠浅《とあさ》の厩舎。それぞれの厩舎長3人がみんな、きれいな馬だね、このまま育てたいねと口を揃えていました」

そして佐々木さんは、今のワグネリアンも、当時のそういった印象から基本的に変わっていないと思います、と言った。

乳母のもとですくすく育ったワグネリアンは、当歳の8月8日に離乳。同月29日に、中間育成のためノーザンファームイヤリングへと移動していった。


中間育成を担当した厩舎長の池田忠幸さんは、1980年代後半、旧社台ファーム時代から働いているベテランだ。

「小さいけどバランスが良いなというのが最初の印象です。そして、とにかく健康優良児でした。冬季夜間放牧でも体調を崩すことはありませんでしたし」

性格はおとなしく、扱いやすかった。

「体も小さいし、みんなと相撲を取ったりはしなかったですね。群れにいて、周りが走ったら走るような地味な性格です。でもその走るフォームはすごくきれいで、全身を使って運動できていました」

おとなしい一方、人間に対しては真面目で、教えたことを素直に受け入れる頭の良い子だったというワグネリアン。

「鞍付けでも、シャワーで馬体を洗う練習でも、すんなり1回で覚えてじっとしてくれていましたよ」

後述するが、後にノーザンファーム空港牧場で騎乗調教に入ると、ワグネリアンの評価は「走ることに非常に前向き」といったものになっていく。池田さんは「そうらしいですね。後から聞いて、意外だなと思いました」と笑う。

「じつは私が昔、担当したステイゴールドもそうだったんです。あの子も中間育成は本当に手がかからなくて、放牧地で1頭でぽつんと好きなことをしているような馬でした。それがいざ乗り始めたら、立ち上がったりする馬になって（笑）。そのことを思い出しました」

当初は本当に小柄だったワグネリアンだが「1歳夏の、青草が生える頃から筋肉も付いてきて、すごく体が良くなってきましたね」と池田さん。

そして約1年後の1歳9月、ワグネリアンは本格的な育成調教を施されるべく、ノーザンファーム空港へと移動する。

受け入れ先は、大木誠司さんが厩舎長を務める厩舎だった。じつは前年のダービー馬レイデオロも、まったく同じように池田さんの厩舎から大木さんの厩舎へ入っている。育成牧場は一つだけではないし、厩舎もたくさんある。同じラインから2年連続でダービー馬が出たことは、それなりに驚かれていい確率だ。

引き渡しの際、池田さんは大木さんに「ダービー、お願いしますね」と伝えたという。〝ワグネリアン伝説〟の一つとなりつつあるエピソードだが、この翌春、まず先にレイデオロが勝ってしまうのだから、なんともすごい話というほかない。

大木さんが抱いたワグネリアンの最初の印象は「小柄だし、たくさんいるディープインパクト産駒では目立つ方ではないかな」だった。しかしその印象は、乗り始めるとすぐに変わった。

「周回コースでキャンターをするようになると、バランスが良くて体幹が強い走りに驚かされました。今思えば、繁殖やイヤリングのスタッフが良い馬だと言っていたのは、そういうことだったんですね」

特徴は、祖母ブロードアピール譲りのピッチ走法。そして「自分からハミを取っていく、前向きな馬でした」という。

デビュー後の「エンジンのかかりが遅い」というワグネリアン評は、だから大木さんからすると、少し意外だという。

「こっちでは常にエンジンがかかっていたような感じでしたから（笑）。でも、牧場の調教はせいぜいハロン14、15秒ですからね。実際のレースのペースでは、また違うということなんでしょう」

多くの馬は調教を進めると筋肉が付き、見た目も変わってくる。しかしワグネリアンはそういう変化は少なかったという。「ここにいる間は、見た目はずっと同じような感じでしたね」という大木さん。

「もしかしたらですが、他の馬にはハロン14秒がきつくて、それで体が絞れたり筋肉が付いたりするのに、ワグネリアンはそのくらいの調教はなんでもなくて、それで大きく変わらなかったのかもしれないですね。そんな気もします」

そんな大木さんは過去、携わった馬からディープブリランテ、レイデオロがダービーを勝っている。しかしワグネリアンには、また特別な思いがあったという。

「じつは友道康夫厩舎でワグネリアンを担当している調教助手の藤本純は、以前、ここで働いていたんです」

同牧場出身の友道厩舎スタッフには、他に大江祐輔調教助手もいて、二人とはよく連絡を取り合うという大木さん。

「昨年、レイデオロが勝ったダービーの日に、僕も東京競馬場に行ったんですが、友道厩舎も別のレースに出走馬がいて、藤本が来ていたんです。そのとき、来年はお前が俺をここに連れてきてくれよって言ったのが、本当にそうなったわけです。こんなふうに喜びを分かち合う相手がいたダービーは、初めてです」

大木さんはそう嬉しそうに笑った。

ワグネリアンに牧場で携わった人々の話を伺っていて、特に印象的だったものの一つが、新馬戦に関する感想だった。

「これもうちの生産馬で、すごく期待されていたヘンリーバローズがいましたからね。どうなるかと思って見ていたら勝って、これはすごいぞと思いました」

とは繁殖主任の佐々木さん。イヤリングの厩舎長、池田さんも「上がり（32秒6）を見て驚きました」と目を丸くした。

ノーザンファーム場長の中島文彦さんは、レース後に「これはもしかして、後に〝伝説の新馬〟みたいに語られるレースになるのかなと思いました」という。

空港の大木さんは「じつは、勝つなら先行して押し切る形になるのかなと、漠然とですが思っていたんです」と話す。

「前向きですし、真面目に走る馬なので、そういう競馬がいいのかなと。そうしたら後ろから行って差し切ったので、驚きました。あの馬にああいう競馬で力を出させるんだから、やっぱり調教師さんやジョッキーはすごいと思いました」

これについては場長の中島さんも「気性が前向きなのは、お姉さんたちもそうでした。だから調教師やジョッキーは、それが悪い方に出ないようにしていったんでしょうね。当たりの柔らかい福永騎手を起用したところから始まって」と、厩舎と騎手の手腕に賛辞を贈っている。

以降の各レースの感想は、みんなよく似ていた。ピッチ走法で末脚を伸ばして快勝した、野路菊ステークスと東京スポーツ杯2歳ステークス。強い相手にこそ敗れたが、折り合いに進境を見せた弥生賞。馬場や展開も向かず、意外なほどの凡走で周囲を心配させた皐月賞。そして、ダービー。

すべてを託し観戦していた牧場関係者の思いは、大木さんの言葉に表れている。

「スタートしてすぐ、ジョッキーが〝勝負〟に行ってくれたのがわかりました。これでダメならもう仕方がない。あとはそう信じて、応援するだけでした」

そしてもちろん、ダービーは終着点ではない。場長の中島さんは、今後のワグネリアンへの期待をこんなふうに語った。

「クラシックを勝ったディープインパクトの牡馬で、古馬になってGIを勝った馬はじつはまだ1頭もいないんです。ワグネリアンは健康ですし、まだまだ成長の余地もありそうな馬です。長く活躍できる馬になってほしいですね*」

*ワグネリアンは6歳まで走ったが、残念ながら古馬のGIは勝てなかった。

2018年 天皇賞・秋

レイデオロ

父：キングカメハメハ　母：ラドラーダ（シンボリクリスエス）

前年のダービー1、2着馬のレイデオロとスワーヴリチャードが、約1年半ぶりの再戦。レイデオロは秋初戦のオールカマーで、やはり同世代の皐月賞馬アルアインを下し、久々の勝利を挙げていた。一方のスワーヴリチャードは春に大阪杯制覇後、安田記念3着。そこからぶっつけでの参戦となっていた。ちなみにこのレースには同世代の菊花賞馬キセキも出走。この世代の三冠の勝ち馬がすべて顔を揃えた。

最初の3ハロンが36秒2。5ハロンは59秒4。数字を見れば決してハイペースではない。逃げたキセキも3着に粘っている。にもかかわらず、何人もの騎手が口々に「流れた」、「緩まなかった」と振り返る。

平成最後となった秋の天皇賞。前年のダービー馬レイデオロが、ついに古馬としてもチャンピオンの座に就いた。そんな一戦は、ある意味、不思議なペースが支配するレースとなった。

一気に秋の気配を深めた薄曇りの東京競馬場。GI馬は7頭いたが、ダノンプレミアム、ワグネリアンの3歳馬2頭が相次いで回避し、無邪気に「豪華メンバー」とは呼びづらいムードが漂っていた。

さらには馬場入り直後、ダンビュライトが戸崎圭太騎手を振り落として放馬。結局、競走除外となっていた。天皇賞・秋の12頭立てというのは、1998年以来20年ぶり、グレード制導入以降では最少タイとなる少頭数だった。そしてそのダンビュライトの不在は、レースの流れに小さくない影響を及ぼすこととなった。

ゲートが開くとすぐ、スタンドがどよめいた。1番人気のスワーヴリチャードが大きく出遅れたのだ。出遅れに加え、隣のマカヒキに寄られて接触し、さらに大きく後退。まさに不運だったが、レースの流れもまた、そんなスワーヴリチャードに挽回の機会を与えてくれなかった。

外から先頭に立ったのはキセキだった。川田将雅騎手は「前に行く馬がいなかったので自分でレースを組み立てました」と話すが、その「前に行く馬」の有力候補が、他ならぬダンビュライトだった。

キセキがゆったりと2コーナーをクリアし、最初の3ハロンを過ぎて向正面へ。頭数が少ないこともあり、馬群は密集せずバラバラと続く。レイデオロは6番手。スワーヴリチャードとマカヒキは並ぶように後方2、3番手を追走している。

向正面から3コーナー、4コーナー。キセキのペースは一度も緩まず、逆にほんの少しずつ速くなっていった。後続は「流れている」と感じて上がっていけないが、自身が苦しいほどではない。過去の例と比べても、それは「絶妙」を超えて「奇跡的」とすら呼びたくなるペースだった。

そんな中、力強く末脚を伸ばしたのがレイデオロとサングレーザーだった。特にレイデオロは、直線に入ると抜群の手応えで差を詰め、坂を上がった残り300メートル過ぎにクリストフ・ルメール騎手の右鞭が飛ぶと、一気に加速。大きなストライドでキセキを交わし、追ってくるサングレーザーには最後まで影も踏ませないまま、先頭でゴールを駆け抜けた。

ハイペースの〝前崩れ〟でもスローペースの〝ヨーイドン〟でもない流れは、特に後方の馬には厳しいものとなった。

マカヒキ（7着）の武豊騎手は「ペースが緩むところがなくて。ラストもギアが入らない感じでした」と首を傾げた。

10着に終わったスワーヴリチャードのミルコ・デムーロ騎手はよほど悔しかったのか、ゴールから30分以上経ってようやく記者たちの前へ。一斉に囲まれ、最初は堅い表情で、最後は少し笑顔も覗かせながら「スタートがすべて。あそこで終わってしまいました」などと話した。

ルメール騎手はこれで秋華賞、菊花賞に続く3週連続GⅠ勝ち。年間6勝目は、この時点でJRAタイ記録となった。

「コンディションはパドックで見て完璧だと思いました。前走のオールカマーからパワーアップしていて、藤沢（和雄）先生とスタッフの仕事は完璧でした」

ルメール騎手が会見でそう語ったように、レイデオロの状態は素晴らしかった。特に、パドックでは少しチャカつくほどの気合を見せながら、レースでは掛かることなくスムーズに追走する様子は、メンタル面の高い充実ぶりを思わせた。

前走のオールカマーは5週前だった。普通ならば十分すぎる長さだが、2歳時を除けばこれが最も短いレース間隔となるレイデオロにとっては、そうではない。

藤沢和雄調教師は会見で「初めて短い間隔で使って、馬がいつになくやる気十分でした」と話した。いつもは間隔が広く、気持ちの乗りが足りない面もあったのだという。でも、そうやってレース間隔を取ってきたのには理由があった。

「3歳でダービーを走ると、そこで傷んで、そのあとうまくいかない馬もいます。うちの厩舎にもたくさんいました」

ダービー馬を、さらなる高みへ。自身6度目の天皇賞・秋制覇は、レイデオロという馬の類まれな才能が、そんな藤沢調教師らしい大局観のもとで磨かれた結果、成されたものなのだった。

2018年

有馬記念

ブラストワンピース

父：ハービンジャー　母：ツルマルワンピース（キングカメハメハ）

障害の王者オジュウチョウサンの参戦が大きな話題を呼んだこの年の有馬記念。そのオジュウチョウサンは5番人気。1番人気は天皇賞・秋を制したレイデオロ、2番人気はジャパンカップでアーモンドアイの2着に頑張ったキセキと、4歳世代が中心。3歳馬は菊花賞4着のブラストワンピースただ1頭の参戦となっていた。

有馬記念の発走時刻が近づき、中山競馬場のターフビジョンに発走前VTRが流れ始めた。映像の冒頭は1989年1月、元号変更の会見で当時の小渕恵三官房長官が「平成」と書かれた色紙を掲げた、あの場面だった。そこから、この30年間の競馬シーンが生んだ数々の名場面が、矢継ぎ早に映し出される。平成最後の有馬記念は、まさに「万感の思いを乗せて」という表現がぴったりのムードの中、ファンファーレが鳴った。

ゲートが開くと、ただでさえ昂揚していたスタンドの熱がさらに一段、上がった。1枠1番から、オジュウチョウサンが素晴らしいダッシュを見せたからだ。

同馬の有馬記念への挑戦は、2018年の競馬界を最も盛り上げた話題の一つだった。外からキセキが先頭に立ち、オジュウチョウサンはミッキーロケットと並ぶように2番手で1周目の正面スタンド前へ。巻き起こる大歓声。あのオジュウチョウサンがGI馬たちと堂々、渡り合う光景に、不思議な感動がこみあげる。

1コーナーから2コーナー。普通なら一息つくところを、キセキはほとんどペースを落とさず後続を離していく。そんなキセキの「逃げ」もまた、2018年の競馬を語るのに欠かせないピースだ。

強くて個性的な逃げ馬が、いかに競馬を面白くするのか。キタサンブラックのように、どんと構えて後続の追撃を跳ね返す逃げとも違う。一人でいかにブロックを高く積めるかに挑戦するような逃げは、間違いなくキセキと川田将雅騎手のコンビによるオリジナルな創作物だ。

ペースは緩まず、キセキが5馬身以上離したまま馬群は3コーナーへ。ずっと6、7番手の外にいたブラストワンピースが、絶好の手応えで上昇を開始する。その後方からは、1番人気のレイデオロがマクるように追撃してくる。

直線、ミッキーロケットとオジュウチョウサンに外からブラストワンピースが並びかけ、力強く交わす。そして残り200メートルを過ぎ、最後の坂に入って、ついに前を行くキセキの脚色が鈍った。

3コーナーから息長く脚を使ってきたブラストワンピースが先頭に立つ。坂を上りきって、さらに雄大なストライドを伸ばす。すぐ後方からはレイデオロが必死に詰めてきて、池添謙一騎手は「後ろに脚音が聞こえて、あとはしのいでくれ、と思っていました」と振り返っている。だが追撃はそこまでだった。出走馬中、唯一の3歳馬による勝利。池添騎手は歴代最多の有馬記念4勝目となった。

スタートで勇気を持ってポジションを取りに行き、その後折り合えたこと。雨で力の要る馬場も向いたこと。レース後に池添騎手が語った勝因の中で、しかし最も胸に響いたのは「ずっとこの馬はGIを取れると言い続けてきました」という、愛馬への信頼を語った言葉だった。

ブラストワンピースの大竹正博調教師は、これが開業10年目でのＧＩ初勝利だった。そしてその大竹調教師のレース後の会見は、非常に印象的なものとなった。

馬体重５３０キロを超えるような大きな馬で丈夫そうに見えるが、背中とトモに弱いところを抱えてきた。ようやく思い描いていた馬体に仕上げられた。そんなふうに愛馬について語り、「照明も入っていて、表彰台から見る景色は、見たことのないものだなあと思いました」とＧⅠを勝利した感慨をしみじみと語った大竹調教師は、平成最後の有馬記念を勝利した感想を訊かれると、逆に「平成最初はどの馬が勝ったんでしたっけ」と記者に質問した。そしてイナリワンだという答えに頷くと、こんな話をしたのだった。

自分は最初、美浦の鈴木清厩舎の厩務員として競馬の世界に入った。イナリワンは、その鈴木厩舎の馬。その自分が平成最後の有馬記念を勝ったという巡り合わせに、競馬の脈々とした歴史を感じる。そんな話だった。

また大竹調教師は、父の大崎昭一騎手がカブトシローやグリーングラスで有馬記念を勝っていることにも触れ、自分も勝ちたいレースだったと話した。期せずして会場には、紡がれてきた歴史をあらためて噛みしめる空気が満ちていた。

敗れた馬についても触れておこう。

キセキは5着に踏ん張った。近年、間隔を空けたローテーションが流行する中、秋４戦目でこれだけの走りを見せたタフなパートナーに、川田騎手は「敬意を表したいです」と賛辞を贈った。

オジュウチョウサンは9着。だがキセキとは0秒2差だ。武豊騎手は、雨でノメっていたが精神的にタフで我慢して走っていた。4コーナーの走りは乗っていて感動した、と振り返り、最後に「ナイストライだったと思います」と締め括った。

レイデオロのクリストフ・ルメール騎手は残念そうな表情で、3歳馬との2キロの斤量差と、そして雨で渋った馬場を、最後に鋭さを欠いた理由として挙げた。

この日、中山競馬場は重たい灰色の雲に覆われていた。雨も有馬記念の発走直前まで降っていて、記録は「曇」だが、現地で観戦した人々にとっては「雨の有馬記念」として記憶されるに違いない。

12月の有馬記念で雨が降った例は少ない。最後の雨の有馬記念は、不思議な偶然だが平成元年、イナリワンの年だった。

荒井由実に『12月の雨』という古い曲がある。「時はいつの日にも、親切な友達。過ぎてゆくきのうを、物語にかえる」そんな歌詞の、チャーミングな曲だ。

ブラストワンピースの勝利もレイデオロの惜敗も。キセキの逃げもオジュウチョウサンの挑戦も。平成を彩った幾多の名馬たちの走りと同じく、終わった瞬間からみんな「物語」に変わっていく。
そしてまた、次の物語が始まる。

2019年 日本ダービー

ロジャーバローズ

父：ディープインパクト　母：リトルブック（Librettist）

最優秀2歳牡馬のアドマイヤマーズを2馬身引き離し、サートゥルナーリア、ヴェロックス、ダノンキングリーが競り合った皐月賞のゴール前は、多くのファンの目にいかにもハイレベルなものとして映った。ダービーもこの3頭の争いになる。青葉賞やプリンシパルステークス、京都新聞杯といった別路線組の食い込む余地はないというのが大方の見解となっていた。

ハイペースの大逃げを続けてきたリオンリオンを、直線、坂にさしかかった残り400メートルあたりで、ついに2番手のロジャーバローズが捉えた。もちろん、府中の直線はここからが長い。しかし先頭に立ったロジャーバローズは、外連味《けれんみ》など一片もない全身全霊のスパートでゴールへ向かってひた走る。

4コーナー3番手と早めの競馬で進出してきたダノンキングリーが、外から迫ってくる。見る者の脳裏に、共同通信杯でアドマイヤマーズを突き放し、皐月賞でも最後まで優勝を争って僅差の3着に入った末脚の記憶が甦《よみがえ》る。スタンドの歓声がひときわ大きくなる。

しかしロジャーバローズの粘りは、そんな大観衆のほとんどの想像を上回っていた。坂を上がって残り300メートル、馬場の内と中央で離れた2頭の差は1馬身ほど。しかしそこから詰まらない。

浜中俊騎手の鞭を受け、必死に逃げるロジャーバローズ。戸崎圭太騎手の手綱に応え、懸命に伸びるダノンキングリー。残り200メートル。まさかこのまま12番人気の伏兵が凌ぎきってしまうのか。歓声が悲鳴混じりに変わる。

2馬身以上離れた後方では、末脚を伸ばしてようやく3番手に上がったサートゥルナーリアを、内からヴェロックスが交わそうとしていた。皐月賞のゴール前を再現しているかのような激しい競り合いだったが、違うのは、それが3着争いということだった。

残り100メートル。ついに前の2頭の差が縮まり始める。少しずつ、本当に少しずつ追い詰めるダノンキングリー。しかし並んで交わすには、残された距離はあまりにも短すぎた。

ロジャーバローズが、クビだけ先にゴールを駆け抜ける。走破タイムは2分22秒6。日本ダービーのレースレコードだった。

2着は3番人気のダノンキングリー。2馬身半離れた3着が2番人気のヴェロックスで、さらに半馬身差の4着が、断然の1番人気に推されていたサートゥルナーリアだった。

皐月賞の1着から3着の馬が1番人気から3番人気に推され、揃って上位に入った。ただ、その「三強」の前に1頭、さらに速いタイムで走りきった12番人気のロジャーバローズがいた。

元号が令和に改まって最初のダービーは、そんな「期待通り」と「予想外」が不思議なほど綺麗に同居した、忘れがたいレースとなった。


まだ5月なのに気温は30度を優に超え、場内には熱中症への注意を呼びかけるアナウンスが流れていた。令和元年のダービーは、季節外れの陽射しと暑さの中で行われることとなった。

この世代のクラシック戦線は、ずっとサートゥルナーリアを中心に進んできた。無敗で皐月賞を制したという成績や、最後の直線で見せる圧倒的なスピード以外にも、サートゥルナーリアにはさまざまな話題性が備わっていた。

中でも、史上初めて皐月賞を3歳初戦で制したという快挙は大きく騒がれた。ステップレースを走らず、牧場で仕上げてGⅠへ。新時代の競馬のスタイルを象徴する存在としても、サートゥルナーリアは注目されていた。

そんな主役に誤算が生じたのは、ダービーを3週後に控えたNHKマイルカップのことだった。クリストフ・ルメール騎手のグランアレグリアが走行妨害で降着。同騎手は短期間の不注意騎乗の繰り返しにより、16日間の騎乗停止処分となってしまったのだ。急遽、サートゥルナーリアの鞍上に抜擢されたのは、オーストラリアから短期免許で来日中のダミアン・レーン騎手だった。

25歳のレーン騎手はこの春が初来日だったが、ダービー前週までの4週でGIヴィクトリアマイルを含む重賞3勝を挙げるという大活躍を見せていた。

ただ、ダービーには「乗り替わりでは勝てない」というジンクスがあった。乗り替わりでダービーを制した馬は、1985(昭和60)年のシリウスシンボリ(岡部幸雄から加藤和宏)を最後に33年間も出ていなかった。そんなGIは他にない。歴史の新しいホープフルステークスを除けば、2007年以降、ダービー以外のすべてのGIで騎手が乗り替わった馬の勝利が記録されている。ダービーだけは、やはり特別なのだ。

同じように、乗り替わりの馬がダービーで1番人気になった例もほぼなかった。最後はロングシンホニー(丸山勝秀から河内洋)。1989年、奇しくも平成になって最初のダービーのことだった。ロングシンホニーは、ウィナーズサークルの5着に敗れている。

もしサートゥルナーリアが勝利すれば。皐月賞の「史上初」に続き、またしても歴史を動かすことになる。それはいかにも、令和という新しい時代のダービー馬にふさわしい快挙に映った。

しかし、そうはならなかった。「ジンクス」は、生きていた。

サートゥルナーリアに続く2、3番人気はヴェロックスとダノンキングリーで、単勝オッズ4・3倍と4・7倍。次のアドマイヤジャスタは25・9倍だから、完全な三強の構図となっていた。

ちなみにヴェロックスは3走前の若駒ステークスから、ダノンキングリーはデビュー戦から、それぞれ川田将雅騎手と戸崎圭太騎手が手綱を取ってきた。

皐月賞以外の路線から来た馬たちは、これよりも低い評価となっていた。

青葉賞を逃げ切ったリオンリオンは6番人気で、2着のランフォザローゼスが5番人気。悪天候で1週順延となったプリンシパルステークスはザダルが制したが、脚元の疲れで出走を回避していた。

京都新聞杯組は、勝ったレッドジェニアルと2着のロジャーバローズがそれぞれ11、12番人気だったように、ほとんど注目されていなかった。しかし、ダービー馬はそこにいた。

京都新聞杯のロジャーバローズは、息の入らないラップで逃げながら、さらに途中で他馬に絡まれ、数字以上に厳しい展開を強いられた。それでも直線では後続を突き放し、いったんは逃げ切り態勢。最後にレッドジェニアルには差されたが、タフな走りを見せた。

浜中俊騎手は、この京都新聞杯で初めてロジャーバローズの手綱を取っていた。ダービーのレース後に「一度、実戦で乗ってこの馬の特徴はわかっていた」と話したように、この経験が3週後の大舞台で活きることとなる。

木村カエラさんの国歌独唱に続き、11万6443名（15時時点）という入場者数が発表され、発走時刻が近づく。待避所からスタート地点へと移動する出走各馬。ターフビジョンに大写しになったサートゥルナーリアの姿に、場内がどよめく。興奮したように、首を上下に激しく振って歩いていたのだ。

レース後、レーン騎手は「ゲート裏で時間が経つにつれて（馬が）緊張して、ゲートでガタガタした」と話したが、その兆候はすでにここにあった。

ゲートが開くと、やはりと言うべきかサートゥルナーリアは立ち上がり、出遅れてしまう。これが「ジンクス」の魔力か。いずれにせよ、主役は中団後方からの競馬を余儀なくされた。

好スタートを切ったのは、1番ロジャーバローズと3番エメラルファイトという内枠の2頭だった。それを外から手綱を押してリオンリオンが交わしていく。横山典弘騎手が1週前に騎乗停止となって乗り替わった息子の横山武史騎手は、これがGI初騎乗。「悔いの残らないレースを」と臨んだデビュー3年目の若武者が先頭に立ち、ロジャーバローズは2番手に控えた。浜中騎手は「1～2コーナーでプラン通りの形になりました」と振り返った。

ハイペースで飛ばすリオンリオンとロジャーバローズの差は、向正面で10馬身近くまで開いた。3番手は3馬身ほど後方で、前はバラけた展開となる。

そのままほとんどペースは落ちず、3コーナーから4コーナー。「スローのヨーイドンでは分が悪いので、後続に、なし崩しに脚を使わせたかった」という浜中騎手は、直線を向くと躊躇なくスパート。これこそが、愛馬の特徴を最大限に活かした騎乗だった。

そして残り400メートル。ロジャーバローズは、ついにリオンリオンを捉える。

「これで差されたら、もうしょうがないと思いながら馬を追っていました」と浜中騎手。しかし素晴らしいタイムでゴールまで走りきったロジャーバローズを差す馬は最後までいなかった。

わずかに届かなかったダノンキングリーの戸崎騎手は「あそこまで行ったのだから」と、その僅差を悔しがった。

最後に3着に上がったヴェロックスの川田騎手は「目標としていたサートゥルナーリアは逆転できたんですが」と残念そうに語った。

直線、３番手に上がりながら残り１００メートルで脚が止まったサートゥルナーリアのレーン騎手は「早めに仕掛けるしかない流れで、その分だけ最後にひと伸びできませんでした」と話した。出遅れが響いたことは明らかだった。

９３１０円という単勝配当は、ダービー史上2位の高配当だった。過去85回で二桁人気馬の勝利はたった四度しかなく、しかも１９６６年以来、じつに53年ぶりのことだった。

そんな歴史的なアップセットの光と影を担ったロジャーバローズとサートゥルナーリアは同じ厩舎の仲間で、角居勝彦調教師は会見で複雑な心境を隠さず、あくまで淡々と喜びを語った。嬉しくないはずはないし、悔しくないはずはなかった。その二つが同居するありようは、まるでとびきりの才能を巡った戦いであると同時に、とびきりの波乱となった、この令和最初のダービーそのもののようだった。

GI戦記

2020

桜花賞	デアリングタクト
オークス	デアリングタクト
秋華賞	デアリングタクト
ジャパンC	アーモンドアイ

2021

桜花賞	ソダシ
オークス	ユーバーレーベン
日本ダービー	シャフリヤール
秋華賞	アカイトリノムスメ
チャンピオンズC	テーオーケインズ

2022

フェブラリーS	カフェファラオ
皐月賞	ジオグリフ
ヴィクトリアM	ソダシ
秋華賞	スタニングローズ
エリザベス女王杯	ジェラルディーナ

2020年

桜花賞

デアリングタクト

父：エピファネイア　母：デアリングバード（キングカメハメハ）

阪神ジュベナイルフィリーズでウオッカの2歳コースレコードを破り、5馬身差で逃げ切ったレシステンシア。3歳初戦のチューリップ賞ではスローペースの瞬発力勝負の末、3着に敗れたが、本番の桜花賞は1番人気の支持を集めた。これに次ぐのが新馬、エルフィンステークスと2戦2勝のデアリングタクト。牡馬を相手にシンザン記念を勝ってきた藤沢和雄厩舎&ルメール騎手のサンクテュエールが3番人気となった。

観客はいない。馬主をはじめとした関係者や、記者やカメラマンも必要最小限しかいない。そんな阪神競馬場に、静かに雨音が響く。風は冷たく、まるで冬に逆戻りしたようだ。政府による緊急事態宣言が発令されて初めての週末、初めてのGI。2020年のクラシック開幕を告げる桜花賞は、そんな重苦しい空気の中での開催となった。

それでも、桜の花だけはいつもの桜花賞と変わらない。雨にも負けず咲き誇り、華やかにコースを彩っていた。

馬も同じだった。

重たい静けさの中、しっかりと戦う準備のできた出走馬が次々とパドックに姿を現したときの、どこか救われたような気持ちは、目の前で見た者としてきちんと記しておかなければと思う。

無観客開催ではイレ込む馬が減る実感はあるが、そんな中、パドックでの気合が目立ったのがスマイルカナだった。逃げ宣言にふさわしい活気で周回する様子に、頼もしさすら覚える。本馬場入場は他の馬の前に先出し。ゆったり大きなフットワークの返し馬が、重馬場への確かな適性を示していた。

一方、馬体の充実ぶりで目を惹いたのが2歳女王レシステンシアだった。馬体重はメンバー中、2番目に重い482キロ。明るい鹿毛の馬体は引き締まった筋肉に覆われ、まさに牝馬離れしたスケールの大きさを感じさせていた。

レースは予想通り、そのスマイルカナとレシステンシアが引っ張った。いや、流れの激しさは予想を超えていた。

宣言どおり先頭に立ったスマイルカナ。ヤマカツマーメイド、マルターズディオサらがこれを追う。外の17番枠から出たレシステンシアは、あくまで自分のペースで、徐々にスピードに乗っていく。そして向正面の終わりに2番手まで上がると、そのまま躊躇せずスマイルカナに並びかけていった。

並びかけられたが、譲らないスマイルカナ。結果、コーナーリングしながらもペースはほとんど落ちない。3ハロン通過は34秒9、4ハロンは46秒5。3〜4コーナーの中間地点を過ぎてもまだ落ちない。5ハロン58秒0。我慢比べのように11秒台半ばのラップが続く流れは、レシステンシアの最大の武器であるスピードの持続力を活かすため、武豊騎手が意図を持って仕掛けたものだった。

直線、2頭が馬場のやや真ん中にコースを取りながら競り合い、後続を離す。残り400メートル、レシステンシアが出る。スマイルカナが食い下がる。どちらも足取りが重くなり始めるが、後続もみんな苦しい。しかし残り300メートルを切り、最後の坂に差し掛かったところで、たった1頭、外から伸びる馬がいた。デアリングタクトだった。

後方から外を回って直線を向いたデアリングタクトが繰り出した末脚は、文字通り1頭だけ次元が違った。

あっという間に前に迫ると、スマイルカナを振り切って先頭に立ったレシステンシアを並ぶ間もなく差し切る。そして、さらに1馬身半の差をつけたところがゴールだった。

検量室前へ戻ってきたデアリングタクトの鞍上で、松山弘平騎手はにっこり笑いながら左手の1本指を掲げた。

「直線を向いたときには、前とはかなり差がありましたが、届くと信じて無我夢中で追いました」

レース後にそう語った松山騎手は、1本指ポーズについて聞かれると「1着を取った、という意味です」と少し恥ずかしそうに答えた。

また松山騎手は、競馬学校入学前は阪神競馬場の乗馬スポーツ少年団に所属。「僕はこの阪神で乗馬をして育ったので、桜花賞を勝てて嬉しいです」と、ゆかりの場所で得た通算二つ目のGⅠ勝ちを喜んでいた。

デアリングタクトは新馬、エルフィンステークスの2戦2勝という戦績での桜花賞制覇となったが、デビュー3戦目での勝利は、じつに40年ぶりとなる史上最少タイ記録だった。管理する杉山晴紀調教師は開業5年目の38歳。

「エルフィンステークス後の状態を見ながら、直行の方がこの馬にはベターだと思い、オーナーの理解を得ました」

と、この大胆でチャレンジングなローテーションを選んだ理由を説明した。

ちなみにデアリングタクトの父エピファネイアと母デアリングバード、それぞれの母はシーザリオとデアリングハートだが、2頭は同級生だ。2005年桜花賞は2着と3着(勝ち馬ラインクラフト)。そんなライバル同士が15年後、力を合わせて「孫」で悲願の桜花賞を勝った。

そんな見方もできる。

敗れたレシステンシアの武豊騎手は「やりたいレースはできました」とコメント。そして「勝った馬が強かった」とデアリングタクトを称賛した。

デアリングタクトの勝ちタイムは1分36秒1で、これは現阪神コースの桜花賞14回で最も遅い。またレースの上がり3ハロンの38秒1も、現阪神になって650レース以上行われた芝マイル戦で最も遅い数字に並ぶ（他に1レース）。

どの馬にとっても過酷で苦しかった桜花賞。その戦いは、きっと見る者の中に、何かを残してくれたはずだ。

◇2020年

オークス

デアリングタクト

父：エピファネイア　母：デアリングバード（キングカメハメハ）

桜花賞を圧倒的な末脚で制したデアリングタクトが単勝1・6倍と断然の1番人気。2着に下したレシステンシアが2週前のNHKマイルカップで2着と好走していたことも、その力の評価の後押しとなった。2番人気には勝負付けの済んだ感のある桜花賞組ではなく、スイートピーステークスを勝って2戦無敗のデゼルが推されていた。

桜花賞の日の阪神競馬場には、桜の花も凍える冷たい雨が降っていた。

あれから約1か月半。春の牝馬クラシック第2弾のオークスを迎えた東京競馬場は、あの日の雨と寒さが遠い昔に思えるほどの好天と、半袖でも過ごせる初夏の陽気に包まれていた。

馬場の状態も、正反対だった。

重馬場で行われた桜花賞の1分36秒1は、現コースになって以降の14年間で最も遅い勝ちタイムとなった。上がり3ハロンで37秒を切ったのは、勝ったデアリングタクトただ1頭だった。

そんなぬかるんだ馬場から一転、この日の東京の芝は絶好のコンディションに恵まれていた。3歳1勝クラスの芝1600メートル戦で記録された1分31秒7は、東京の条件戦史上最速タイ、他の競馬場を含めてもJRAの条件戦史上2位という破格の好タイムだった。

もともと桜花賞とオークスは、皐月賞とダービー以上に違いが大きい。距離は1・5倍。場所も関西から関東へ。そこに、この馬場の差までが加わった。

しかし、変わらないものもあった。距離も、長距離輸送も、馬場の違いも。何もかもをすべて克服してみせたデアリングタクトの、驚くべき強さだ。

ゲートが開いて迷わず先頭に立ったのは、これも桜花賞と同じくスマイルカナだった。4番枠のデアリングタクトは好スタートを切ったものの、1～2コーナーで次々と外から厳しく寄せられ、前に入られて位置を下げる。

松山弘平騎手が「位置取り争いが激しくて、狭くなったり、ぶつかったりしました」と語ったように、どの馬も良好な馬場状態を味方につけようと、少しでも前へ、内へと殺到した結果だったが、しかしそれだけではなかった。

「内枠、1番人気でタフな競馬はある程度、予想していましたが、本当にマークの厳しいレースになりました」

杉山晴紀調教師が振り返ったように、それは目を見張る強さで一冠目を制したからこその「包囲網」でもあった。

結局、デアリングタクトは12番手で2コーナーを回って向正面へ。後方のインを折り合って進むと、3コーナーから少しずつ外へ出して直線に入る。しかし、試練はそこにも待っていた。

デアリングタクトを外へ持ち出そうとする松山騎手。しかし前が塞がりかけてストップ。もう一度、同じコースへ。しかし十分なスペースがなく、またも躊躇する。残り400メートル、馬場の中ほどで右往左往する桜花賞馬。

と、ここで反対の内側にぽっかりとスペースが空いた。すかさず鋭い切り返しで馬体をねじ込むデアリングタクト。そこから見せた末脚のスピードは、1頭だけ別次元のものだった。

狭いスペースを割ってついに馬群を抜け出すと、あっという間にウインマイティーを捉え、最内で粘っていたウインマリリンも交わす。さらに半馬身抜け出したところがゴールだった。

中盤のラップが落ち着いたこともあり、勝ちタイムの2分24秒4はオークス史上5位にとどまったが、後半の速さは特筆すべきものだった。レースの上がり4ハロン46秒3と3ハロン34秒2は、ともにオークス史上2位。そんな速い上がりの展開を、前半の位置取りで後手を踏み、直線でいったんは行き場をなくしながら差し切ったデアリングタクトの末脚は、まさに規格外だった。

そして真に驚くべきは、距離、長距離輸送の有無、そして馬場と、まったく異なる強さが求められた二冠をどちらも圧倒的な走りで制したことだった。

検量室前に引き上げてきた松山騎手は心底、ホッとしたような表情で馬を下りた。会見で、そこでどんな会話が交わされたのかを訊かれた杉山調教師は、「今日は馬に助けられました、と言ってました」と明かした。

杉山調教師は勝因に、桜花賞の疲れが早く取れたことを挙げた。しかしもちろん他にも「人事」は尽くしていた。

例えば、パドックは18頭の最後尾での周回だった。本馬場入場もデゼルと2頭で最後。入場後もすぐには返し馬に移らず、無観客のスタンド前を辛抱強く、落ち着くまで歩かせた。すべては、勝利こそしたが桜花賞で課題と感じていた、レース前のテンションの高さを改善するための工夫なのだった。

これで史上15頭目の春の牝馬二冠馬となったデアリングタクトだが、無敗での達成は、なんと1957年のミスオンワード以来63年ぶり、史上2頭目という歴史的快挙だった。

逆にいえば、メジロラモーヌからアーモンドアイの牝馬三冠制覇を達成した5頭ですら、いずれも春までに一度は敗戦を喫していた。若い牝馬がトップコンディションを維持しながら、長距離輸送の有無を含み条件の激変するレースの数々を無敗で駆け抜けることの難しさが、その事実には現れている。

ミスオンワードは、英国で種付けされた繁殖牝馬が日本に輸入されて産んだ、いわゆる持込馬だった。この年はダービーも持込馬のヒカルメイジが制して話題となった。いずれにせよ、当時の生産界の主役は圧倒的に「海外から導入した血」で、現在の内国産種牡馬の隆盛からはまさに隔世の感がある。

デアリングタクトの父はエピファネイアで、その母シーザリオは2005年のオークス馬だ。内国産種牡馬スペシャルウィークの産駒がオークスを勝つ。そのオークス馬の仔が活躍して種牡馬となり、15年後にまたオークス馬を出す。それはたぶん、63年前には考えられなかったようなサイクルなのだ。

ちなみにデアリングタクトは、桜花賞はデビュー3戦目、オークスは4戦目での勝利で、いずれも最少キャリアのタイ記録だった。ミスオンワードはそれぞれ6戦目と8戦目だったから、ちょうど半分のキャリアで偉業を達成したことになる。これもまた、時代の流れを象徴する数字なのかもしれない。

63年前のミスオンワードはオークスの次走、なんと連闘でダービーに出走して17着に敗れた。さらには秋にも菊花賞に出走して10着。当時は秋に牝馬の大レースなどなかったが、今は秋華賞がある。そしてデアリングタクトも、そこで史上6頭目、「無敗」ならば史上初の牝馬三冠を目指すこととなる。

偉業のかかった秋へ向けての課題として、杉山調教師は引き続き、レース前のテンションの高さを挙げた。

「今日は無観客でしたが、秋はどうなるかわかりませんから」

オークスと同様、秋華賞も発走はスタンド前となる。できることなら、そのスタンドには満員の観客が詰めかけていてほしい。そして、その大歓声が逆境ではなく、デアリングタクトの味方となってミスオンワードを超えるための後押しをする。僕たちが見たいのは、そんな偉業達成の瞬間なのだ。

◇2020年

秋華賞

デアリングタクト

父：エピファネイア　母：デアリングバード（キングカメハメハ）

注目はなんといっても、史上初となる無敗の牝馬三冠制覇に挑むデアリングタクト。ライバルになり得るはずだったレシステンシアは、ＮＨＫマイルカップ後の骨折からの復帰が遅れ、秋華賞には間に合わず。２番人気は前哨戦のローズステークスを制し、２歳時のアルテミスステークス以来の勝利を挙げたリアアメリアとなっていた。

雨で冷え込んだ前日の土曜日とは打って変わり、京都競馬場には強い陽射しが降り注いでいた。気温も20度を上回り、秋華賞のパドックを周回する出走馬の何頭かにも発汗が目立つ。中でも特にひどかったのが、18頭の最後尾を周回するデアリングタクトだった。

桜花賞はデビュー3戦目、2歳戦が行われるようになった１９４６年以降では史上最少タイのキャリアで優勝した。続くオークスでは63年ぶり、史上2頭目となる無敗での牝馬二冠制覇。いずれのレースでも最後の末脚の鋭さ、力強さは群を抜いており、〝前人未到〟となる無敗の牝馬三冠達成は濃厚だろうと、多くのファンが感じていた。

しかしパドックに現れたデアリングタクトの姿は、そんな楽観をすべて吹き飛ばすほど危うい気配に満ちていた。

終始、チャカチャカと早足で、引き手をぐいぐい引っ張る。大量の汗が、腹からポタポタと雫《しずく》になって落ち続けている。その様子は、明らかに気負いすぎている馬のそれだった。

これはもしかしたら、まずいかもしれない。誰よりも切実にそう感じていたのが他ならぬ杉山晴紀調教師だった。

装鞍所ではまったく問題なかった。しかし「スイッチ」は、パドックに入ったところで急に入った。

もともとレース直前のテンションの高ぶりが課題ではあった。だからこそ、オークスからは枠番にかかわらずパドックで最後尾を周回し、馬場入りも最後。ジョッキーが跨るのも、パドックを出てからにさせてもらっていた。

普段、厩舎では本当におとなしい馬なのだと杉山調教師は話す。

「追い切りでも、おそらくリミッターは活きたままです。それが競馬場へ行ってレースの直前になると、いわゆるゾーンに入った状態になるんですね」

しかしこの日は、スイッチが入るタイミングの早さも、テンションの高さも、杉山調教師の想定を超えていた。

「思っていた以上に〝休み明けのテンション〟になってしまいました」

前哨戦を使わず、休み明けで牝馬三冠制覇の偉業に挑むという判断は、杉山調教師自身によるものだった。

「オークスの直後にはオーナーサイド（ノルマンディーファームの岡田牧雄代表）から、可能なら秋はローズステークスで始動をとは伝えられていました。ただ僕としては、早い段階でレースを決めてそれに合わせるのではなく、各段階で馬を見ながら最後に判断したいと考えて、そうさせていただいたんです」

オーナーサイドには、夏は北海道のノルマンディーファームで放牧して成長を促したいという、これは信念やポリシーとも呼べる意向も強くあった。

結果、デアリングタクトの秋華賞までの過程は、次のようなものになった。

オークス後は、いつもレースの合間に使っている栗東近くの宇治田原優駿ステーブルで約3週間、疲れを取る。

次に福島県のノルマンディーファーム小野町へ移動し、約10日間を過ごす。

そこから北海道のノルマンディーファームで約3週間、人の乗らない完全な休養としての放牧で成長を促された。

7月半ば、始動のため、まずは小野町へ移動して約3週間じっくりと調整。

そして宇治田原優駿ステーブルで約3週間、乗り込まれている間の8月29日に、秋華賞への直行が正式に決定。レースの約1か月半前となる9月2日、栗東トレセンへと帰厩した。

どの「ステージ」にも明確な目的と意味があった、と話す杉山調教師は、特に福島県のノルマンディーファーム小野町が果たした役割を「ものすごく有意義な期間でした」と振り返る。

オークス後、ノルマンディーファーム小野町を初めて訪れた杉山調教師は、その静かな環境と広く平坦なダートコースを気に入り、これは良い「中継地点」になる、と感じたという。

ポイントは、その後に控える完全休養の放牧だった。坂路の調教がメインである栗東トレセンや宇治田原優駿ステーブルの環境から一気に脱トレーニングの状態に移るのではなく、リラックスして走りながら徐々に調教負荷を落とす。あるいはその逆に上げていくのに、この小野町は最適だった。

「馬のバランスは、人の体重を合わせた複合重心と裸馬の状態の重心では違っていて、人が乗らない期間が長いと、また複合重心のバランスを取り戻すのにストレスがかかるんです。そういう意味でも、ここなら平坦な場所でじっくり乗る期間が取れると思いました」

北海道から再び小野町を経て宇治田原優駿ステーブルに戻ってきたデアリングタクトを見て、杉山調教師はその成長ぶりに驚かされた。

「シルエットは同じままで、全体的にひとまわり大きくなっていました。馬体重も予想より重くなっていましたし、岡田代表の考える放牧の効果は、僕が考えていた以上でした」

最終的に、秋華賞へ休み明けで臨む判断を下したのも、じつはその成長ぶりが理由の一つだった。

「大きく成長しているところに、普通にローズステークスに間に合わせるためのスピード調教をしていくと、無理が生じるかもしれないと感じたんです。まずは成長した分を鍛える地道なトレーニングの時間が必要だろうと思って、それで直行することにしました」

秋華賞当日の馬体重は、オークスから14キロ増。ほれぼれするほどの好馬体は、まさに「成長」と「鍛錬」の両輪が奏でる見事なハーモニーといえた。

全馬の最後にパドックを出たデアリングタクトに松山弘平騎手が跨ったのは、地下馬道の中だった。

杉山調教師から、いつもよりテンションが高いと聞かされた松山騎手は、とにかく落ち着かせようとだけ考えながら、時間をかけて本馬場へデアリングタクトを誘導した。コースに出ても、すぐには返し馬に入らない。スタンド前の外ラチ沿いをゆっくり歩かせ、しばらく進んだところでようやくキャンターに移る。さっきまでのイレ込みが嘘のような、素晴らしい返し馬だった。

「パドックではイレ込んでいたみたいですが、馬場入りする頃にはかなり落ち着いていました。返し馬の前に歩かせたのは、オークスの時にそれでうまくいったからで、今回もそうしようと杉山先生と話していたんです」

ゲートは7枠13番だった。オークスでは内寄りの4番枠から馬群に包まれ、厳しいマークに遭った。少々ロスがあっても自分のリズムで運べる外目の枠は陣営が熱望した通りで、松山騎手が「ある意味、レースより枠順が決まる瞬間の方が緊張したかも」と話すほど、重要なポイントだった。

実際、スタートは決して良くはなかったが、外枠のおかげもあり、中団の後ろでじっくり進める位置を確保する。

レースを引っ張ったのは、抜群のスタートを決めたマルターズディオサだった。これをホウオウピースフルが掛かり気味に追い、ウインマリリン、ミヤマザクラ、リアアメリアらの実績馬が続く。ペースは速めで、息の入らない、先行勢には厳しいものとなった。

デアリングタクトと松山騎手は、3コーナー手前から外を通って徐々に位置を上げていった。春の二冠はいずれも直線を向いてからスパートしたが、それらと比べれば早めの仕掛けだった。

「内回りで直線も短いですし、じっとしていたら内からどんどん出てこられて、ますます外を回されるので」

まさに馬の力を信じたゴーサインだったが、ここで思わぬ事態が起こる。4コーナーで突然、バランスを崩して外に膨れ、手応えが怪しくなったのだ。

理由は、コーナーリングの最中にデアリングタクトが勝手に手前（前に出す脚）を替え、右回りでは走りにくい左手前（左前脚を先に出すフォーム）になってしまったからだった。

「苦しくなると自分で手前を替える馬なんですが、あそこで替えたのは正直、焦りました。持ったままで回っていって直線を向けると思っていたので」

しかし、そこからが冷静だった。

「慌ててバタバタ追ってもまたバランスを崩すので、そのまま我慢して直線に入ってから立て直して追いました」

直線を向き、馬群がコース一杯に広がる。外から先頭に立とうとするが、すぐ内からマジックキャッスルが鋭く詰め寄る。一瞬、並ばれそうになるが、そこでデアリングタクトのギアが上がった。また自分で手前を替えたのだ。

残り200メートル、マジックキャッスルとの差が開き始めた。松山騎手が手綱を押すと、デアリングタクトがさらに大きく弾む。もう大丈夫だった。

パドックはまさに大ピンチだった。4コーナーでもヒヤリとさせた。しかし終わってみれば、それらすべてを跳ね除けてデアリングタクトは史上6頭目の牝馬三冠馬となった。無敗での牝馬三冠制覇は、ジェンティルドンナも、アーモンドアイも成し得なかった、日本競馬史上初の偉業だった。

ゴール板を過ぎ、松山騎手がスタンドへ向かってガッツポーズを作る。馬の首を叩き、左手の三本指で「三冠」を示す。そしてまたガッツポーズ。

新型コロナウイルスの感染拡大防止のため無観客で行われてきた中央競馬は、この前週より、数を抑えて指定席の販売を再開したばかりだった。この日、歴史的な偉業を目撃したのは890人。マスク着用が義務付けられ、歓声は出せない。しかし気持ちは、松山騎手にしっかりと届いていた。

「ゴールしてホッとした瞬間、スタンドから拍手が聞こえてきたんです。それがすごく心に沁みて、ゴーグルの奥で半分、泣いていました。お客さんは少なかったかもしれないですが、あの拍手を聞けて本当に嬉しかったです」

偉業を達成した心境を訊かれた杉山調教師は「嬉しいというよりは、ホッとしたという気持ちの方が強いです」と正直な気持ちを吐露した。前哨戦を使わず臨むという判断をしたのは自分なので、その分、結果を出さなければと重圧を感じていたのだという。

「今回は小野町や北海道を含めた各牧場が、できる限りの仕事をしたことが実を結んだと感じています。春の二冠は厩舎と宇治田原優駿ステーブルで仕上げましたが、それとはまた違った嬉しさ、喜びでした。本当に、牧場のみなさんの勝利でもあったと思います」

松山騎手は三冠を通じ、「今までにないプレッシャーを経験できて、精神面で成長できたと思います」と話す。

「特に自分で大きかったと思うのがオークスの経験です。GIで単勝1倍台の馬に乗って勝てたというのは初めてで、ものすごく自信になりました」

すでに次走はジャパンカップに決定。無敗の三冠馬コントレイル、GI8勝馬アーモンドアイらと激突する予定だ。

杉山調教師は「大きな区切りの秋華賞を勝てて、次はプレッシャーというよりは、気楽なチャレンジャーの気持ちで臨めそうです」と話す。

松山騎手も「正直、すごく楽しみです。舞台は本当に合うと思います」と意気込みを語り、こう続けた。

「桜花賞の後、オークスですごく良くなったと感じた経験から、使って良くなるタイプかも、とも思っているんです。だからジャパンカップではどのくらい良くなっているのか、楽しみですね」

5戦すべてで取ってきた愛馬の手綱は、今後も誰にも譲るつもりはない。その気持ちは強いときっぱり言う。

「そのためにも、それにふさわしいジョッキーでいなくては、と思います」

ジャパンカップのさらに先には、いずれは海外遠征の話も出て不思議はない。「輸送は平気ですし、飼い葉も残したことがないですし、遠征には強いと思いますよ」と杉山調教師は言う。

「その意味では、ノルマンディーファームの1歳時の厳しい夜間放牧に耐えた馬というのは、メンタル面も含めてそういう強さがある気がします。困難にも負けないようなその強さは、デアリングタクトも間違いなく持っているものだと思います」

2020年 ジャパンC

アーモンドアイ

父：ロードカナロア　母：フサイチパンドラ（サンデーサイレンス）

3頭の三冠馬が揃った奇跡の一戦。5歳のアーモンドアイはこれがラストランのため、文字通り一期一会の夢の競演だった。単勝オッズもアーモンドアイが2・2倍、コントレイルが2・8倍、デアリングタクトが3・7倍と、まさに三つ巴の様相を呈していた。

レース後の勝利騎手インタビューでクリストフ・ルメール騎手は、涙を流していた天皇賞・秋の後とは違って笑顔で受け答えができている理由を訊かれ、「前回は新記録（芝GI通算勝利数）のレースでしたから、プレッシャーがありました」と説明した。

そして少しおどけたように両手を広げ、こう言って笑った。

「今回は〝さよならパーティー〟でしたね」

そう、2020年ジャパンカップは、二重の意味で「パーティー」だった。

パーフェクトな走りで現役ラストランを飾ったアーモンドアイにとって、このジャパンカップは、まさに自身が主役の「さよならパーティー」だった。

そして僕たちすべての競馬ファンにとっても、このジャパンカップは、まるで何日も前に招待状をもらい、その日から当日のことを想像するだけで楽しみでならなかった、まさしく「パーティー」のようなレースだったのだ。

アーモンドアイとコントレイルとデアリングタクト。3頭もの「三冠馬」が同じレースで対決するなど、日本競馬史上初の「事件」だった。しかも、3歳の2頭はいずれもまだ無敗という、まるでマンガのような展開なのだ。

東京競馬場の指定席券抽選の倍率は10倍を軽く超えた。当日の入場者数は4604人。幸運にも生で見ることができた者も、そうでない者も。この歴史的な一戦を心待ちにしていたという点では、みな等しく同じなのだった。

曇り空の下、3頭の「三冠馬」を含む15頭がパドックに現れた。ほれぼれするほどの落ち着きと力強さで、ぐいぐいと歩くアーモンドアイ。天皇賞・秋から中3週、心身ともに完璧な状態でラストランを迎えられたことがひと目でわかる姿だった。

一方、どこかまだ幼さの残る細身の馬体で軽やかに脚を運ぶコントレイル。この秋3戦目で、菊花賞の激闘からは中4週。しかし出るからには疲れを言い訳にするつもりはない。周回を重ねるごとに気合が乗り、ピリピリした空気を発散し始める様子には、そんなプライドが透けて見えるようだった。

デアリングタクトは馬番は5番だが、いつものように最後尾を離れて周回している。曳き手が後ろに体重をかけてなんとか抑えるほどの気合だが、それでも、終始チャカついて発汗も凄まじかった秋華賞と比べれば、雲泥の差といえる落ち着きだった。秋華賞からは中5週。3頭で最も長い間隔は、精神面の成長も促してくれたはずだった。

三者三様の臨戦過程での、まさに一期一会の戦い。運命のゲートは、唯一の外国馬ウェイトゥパリスが枠入りを嫌がったことで、予定より5分以上遅れた午後3時45分過ぎに開かれた。レースを引っ張ったのはキセキだった。1コーナーでヨシオに迫られて掛かってしまったキセキは、そこから速いピッチで後続を引き離していく。

向正面、大逃げのキセキを除く馬群は適度に間隔を空けて流れた。離れた2番手は並ぶようにヨシオとトーラスジェミニ。グローリーヴェイズがいて、アーモンドアイはクレッシェンドラヴと5、6番手。そのすぐ後ろがデアリングタクトで、カレンブーケドールを挟み全体の9番手にコントレイルがいた。キセキの1000メートル通過は57秒9。後続にとってはまさに速すぎず、遅すぎない、ハイレベルな力勝負が見込めるペースだった。

3コーナから4コーナー、キセキはまだ15馬身以上リードしている。グローリーヴェイズがロスなく内を回り、2番手に上がって直線を向く。アーモンドアイも抜群の手応えでこれに続く。

その後方では、デアリングタクトにコントレイルが並びかけ、ともに前へ迫ろうと脚を伸ばしていた。

直線、まだはるか前にいるキセキの脚が止まり始めた残り400メートル、ついにルメール騎手がゴーサインを送った。みる間にアーモンドアイのスピードが上がる。残り200メートルで内を突いていたグローリーヴェイズを捉える。完全に力尽きたキセキを交わして先頭に立ったのは、残り100メートルの手前だった。

後方からはコントレイル、カレンブーケドール、デアリングタクトの3頭が併せ馬のように競り合いながら伸びていた。しかしその前を、アーモンドアイは確かな足取りで悠々と逃げる。

3頭がグローリーヴェイズに並びかけ、4頭のひと塊になった直後。その1馬身以上前で、アーモンドアイは美しくゴールを駆け抜けていた。3歳の三冠馬2頭に、ついにその影も踏ませることのない、完璧な勝利だった。

ゴール直後、スタンドからは熱い拍手が巻き起こった。観客も、関係者も、拍手せずにはいられなかったのだ。

2着は外からクビ差だけ抜け出したコントレイル。そして写真判定の結果、3着争いはわずかにハナ差だけデアリングタクトが前に出て制していた。

3頭の三冠馬が1、2、3着。誰もが見たいと願っていたものを、本当に見ることができた。それはまさに、奇跡のような瞬間だった。


アーモンドアイはこの勝利で芝GⅠ9勝目として、天皇賞・秋で樹立した自らの歴代最多記録を塗り替えた。

JRAでの獲得賞金はディープインパクトを抜いて歴代3位に。海外を含めた獲得賞金は、キタサンブラックを抜いて歴代1位となった。

コントレイルの福永祐一騎手はレース後、「最後は苦しくなって左にモタれてしまいました」

と語り、「アーモンドアイは強かったです」と感嘆した。

デアリングタクトの松山弘平騎手もまた「4コーナーから苦しくなって左にモタれていました。アーモンドアイは、さすがでした」と、まるで示し合わせでもしたかのように、同じ苦しみと、同じ勝者への称賛を口にした。

コントレイルもデアリングタクトも、もうアーモンドアイにはリベンジできない。その代わり、今度は下の世代からコントレイルやデアリングタクトに挑戦する馬が現れる。そうやって運命が交錯しながら、競馬は回っていく。

勝利騎手インタビューの最後を、ルメール騎手はこんなふうに結んだ。

「アーモンドアイは今から牧場で子供を作ります。また競馬場で、アーモンドアイの子供を応援してください。ありがとうございました。また今度！」

日本語に拙さが残るルメール騎手だけに、伝えたいニュアンスは違っていたのかもしれない。でも、その最後のフレーズは、僕たちがどうして競馬に惹かれるのかを、これ以上ないほど端的に言い表しているように思えた。

また今度、こんな素晴らしいレースが実現する日まで。招待状は、競馬を見続けていれば必ず届くはず。だから待ち続けよう。競馬という「パーティー」は、終わらないのだから。

2021年

桜花賞

ソダシ

父：クロフネ　母：ブチコ（キングカメハメハ）

4戦無敗の2歳女王で、しかも話題性抜群の白毛。しかし1番人気はそんなソダシではなく、サトノレイナスだった。阪神ジュベナイルフィリーズではハナ差、届かなかったものの、ソダシを差し切る寸前まで追い詰めていたサトノレイナス。早くからオークスではなくダービーに挑戦するプランが囁かれていたことも、関係者の評価の高さを物語っていた。

残り300メートル過ぎで抜け出したソダシが、先頭に立って長い直線をひた走る。空の青とターフの緑の中で、春の陽を浴びた純白の馬体がひときわ明るく輝く。戦前に始まり、今年で81回目を迎えた桜花賞。その長い歴史で初めて、突然変異の白毛を受け継ぐ馬が出走し、勝利を収めようとしていた。まるでマンガやアニメのワンシーンのようなその光景は、間違いなく、競馬をはじめとしたスポーツでごく稀に出会える「奇跡」と呼んでいい瞬間だった。

思えば昨年暮れ、4戦全勝で阪神ジュベナイルフィリーズを制したソダシは、しかしどれだけ勝ち続けても、常にその走りへの評価を毛色の話題性が少しだけ上回り続けている馬だった。でも無理もなかった。阪神ジュベナイルフィリーズは上位が大激戦となる中、ハナ差の辛勝で、決して絶対的な強さを印象づける勝ち方ではなかった。

繊細な気性と、それに伴うゲート難という弱点もあった。吉田隼人騎手いわく、ずっとスタートは「紙一重」でうまく出てきたが、逆にいえば桜花賞でも出遅れない保証は何もなかった。単勝は、阪神ジュベナイルフィリーズでハナ差の2着に降したサトノレイナスが1番人気で、ソダシは2番人気。

一方、タイトルが2歳GⅠのみの馬としては例外的に制作されたソダシのぬいぐるみは、オンライン販売でも、この日の競馬場のショップでも瞬時に完売。その人気ぶりと単勝オッズのギャップは、ある意味、この時点のソダシの状況を象徴するものともいえた。


阪神ジュベナイルフィリーズ後、放牧に出たソダシは2月10日に帰厩。桜花賞までの約2か月を厩舎で過ごした。

育成牧場の役割が大きい近年では異例ともいえる長さの在厩は、須貝尚介調教師が「やりたいことがあった」と話したように、ゲートも含めたソダシの気性面の課題克服のためだった。

所属は関東ながら、関西に活動のベースを移して約2年半になる吉田騎手も、厩舎スタッフとともに普段の調教から辛抱強くソダシに向き合った。

成果は、見事な形で表れた。

黄色と黒と青、勝負服と同じ柄のメンコを着けてパドックに登場したソダシは、終始、集中して周回。本馬場入場から、大きなストライドの素晴らしい返し馬を経て待避所へ向かう。

ゲート裏へ移動してメンコを外すと、下からはもう1枚、純白のメンコが現れた。メンコの着用は前走から、吉田騎手の進言で行うようになった。

阪神ジュベナイルフィリーズではゲートに入るのをひどく嫌がって心配させたが、今回は吉田騎手が「ゲートに向かうときも、そこまで〝いやいや〟しませんでした。入ってからも待たされたけど、信頼関係ができていたので我慢できました」と振り返るように、明らかな成長の跡を見せていた。

だから好スタートは、今度は偶然でも、紙一重でもなかった。抜群の出足から、逃げるストゥーティの直後をすんなり確保したソダシ。1ハロンほど進んだところで、外からメイケイエールが抑えきれないように上昇して先頭を奪い、さらに飛ばす。1000メートル通過はJRAにラップの残る1986年以降の桜花賞で最も速い56秒8。激しい序盤となったが、「形が決まってからは、周りを確認する余裕もありました」と吉田騎手が語るように、スムーズに3番手の内を追走する。

ペースは速いが馬群は縦長にはならず、先団も固まった。1レース前の大阪―ハンブルクカップでJRAレコードが出たように、芝はいわゆる高速馬場、道中で離されると厳しい。ジョッキーたちのそんな意識が伝わってくる。

直線、早々とメイケイエールが力尽き、粘っていたストゥーティも一杯になる。先頭に立ったとき、まだ残りは300メートル近くあったが、吉田騎手は躊躇することなくソダシに合図を送った。

「1頭になって他の馬の目標になるけど、馬を信じてスパートしました」

それはスピードの持続力という、ソダシの武器を最も活かす騎乗だった。

残り200メートル、独走になる。背後からファインルージュがじわじわ迫るが、しかしソダシの脚色は衰えない。

坂を上がって残り100メートル、大外から鋭くサトノレイナスが追い込んでくるが、時すでに遅し。最後まで力強いフットワークで走り続けたソダシが、クビ差、先にゴールを駆け抜けていた。

結果だけを見れば、阪神ジュベナイルフィリーズと同じ2頭による、同じような僅差の決着だった。しかし今回は何かが決定的に違った。たぶんそれは、今度こそ誰もがソダシの強さを心から認め、その走りを称える気持ちを抑えられなくなっているところだった。

勝ちタイムの1分31秒1は従来のコースレコードを0秒8も更新するもので、もちろん桜花賞レコードだった。

中118日での優勝も2年前のグランアレグリアを上回る史上最長となる。

レース後、吉田騎手は「周りからも、話題だけで本当に強いのかとも思われていましたし、見返してやろうと思っていました」と話した。そしてソダシは、それを成し遂げた。毛色の話題性に負けないだけの、競走馬としての高い評価を自らの力で獲得したのだった。

須貝調教師は「桜は散りましたが、阪神のターフに真っ白な花を咲かせることができました」と話した。まさにこの日、日本競馬は「純白の桜」が満開になる瞬間を目撃したのだった。

2021年 オークス

ユーバーレーベン

父：ゴールドシップ　母：マイネテレジア（ロージズインメイ）

コースレコードの快走で桜花賞を制した白毛のソダシは、2着のサトノレイナスがダービーへ向かったこともあり、単勝1・9倍の1番人気。前年のデアリングタクトに続く無敗の牝馬二冠馬誕生への期待は高まっていた。2番人気はクイーンカップを勝ち、桜花賞4着のアカイトリノムスメ。3番人気には阪神ジュベナイルフィリーズ、フラワーカップ、フローラステークスと3戦連続3着中のユーバーレーベンが推されていた。

全長525・9メートルの直線の、たっぷり150メートルはある長い上り坂をようやく上がり切って、さらに100メートルほど。ゴールまであと200メートルの地点で繰り広げられたのは、血統が織りなす物語の、まさにハイライトだった。

先団から抜け出そうと懸命にもがくソダシ。突然変異で生まれ、祖母シラユキヒメ、母ブチコと受け継がれてきた白毛の鮮やかな馬体が、まるで燃料を使い切ったロケットのようにゆっくり推進力を失い、馬群に飲まれていく。

それと入れ替わるように、ソダシと同じ黄色と黒と青の勝負服のアカイトリノムスメがスピードを上げ、すぐ内を風のように抜いていく。母は2010年にサンテミリオンと同着でオークスを制したアパパネ。史上3組目の母娘オークス制覇へ向け、まだ母ほどの筋肉のボリュームこそないが、ディープインパクト産駒らしいバネで弾むように狭いところを抜け出してくる。

そして外からは、赤と緑の勝負服に身を包んだミルコ・デムーロ騎手のユーバーレーベンがじわじわと前に出て先頭に立ち、さらに少しずつ、どこまでも終わらない加速を続けていた。

ユーバーレーベンは、生産牧場のビッグレッドファームが長年にわたって紡いできた血の結晶のような馬だった。

曾祖母マイネプリテンダーは24年前にニュージーランドから輸入した牝馬で、そこから牝系は祖母マイネヌーヴェル、母マイネテレジアと繋がってきた。さらには母の父ロージズインメイも、父ゴールドシップも、ビッグレッドファームがこれと見込んで手に入れ、繋養する種牡馬たちだった。

今春3月、そのビッグレッドファームの創始者で「総帥」と呼ばれ、愛された岡田繁幸氏が逝去した。そして今、ドイツ語で「生き残る」という意味の名を付けられたユーバーレーベンが、牧場の長い歴史の中で初めてのクラシック制覇を成し遂げようとしていた。

力強い足取りでユーバーレーベンがゴールを駆け抜ける。1馬身遅れてアカイトリノムスメが、大外のハギノピリナをハナ差抑えて入線。ソダシは馬群の中、8着でレースを終えた。

抗いようのない運命としての血統と。

人間が夢を託す対象としての血統と。

そして、時に偶然とは思えない奇跡を見せてくれる神秘としての血統と。

それはさまざまな血統の物語が、ひとつになって完結した瞬間だった。

2021年オークスの主役は、間違いなくソダシだった。史上3頭目となる無敗の牝馬クラシックス二冠制覇に挑む白毛のヒロインは、しかし桜花賞をコースレコードで押し切ったスピードと、そして父クロフネの産駒に1800メートルを超える距離の平地重賞勝ちがないという血統的な面から、2400メートルの「距離」が最大の敵と見られていた。

そのソダシをレース序盤、試練が襲った。確たる逃げ馬が不在で展開面の予測がしづらい中、クールキャットが先頭で1コーナーへ。好スタートのソダシも続くが、掛かり気味のステラリアが大外18番枠から中を閉めるようにやって来て、内にいたククナとの間で挟まれる形になったのだ。たまらず吉田隼人騎手が手綱を引く。しかし先行馬群はひどく密集しており、その後もなかなか完全には落ち着けない。

それでも、ソダシは最終コーナーを回りながら再び果敢に前に出ていき、直線、残り200メートルまで先頭を争った。

須貝尚介調教師は「1、2コーナーで併せ馬のようになって力んだのが最後に響きました」と振り返り、「これも競馬です」とその不運を甘受した。

吉田隼人騎手も、距離の克服のために馬群の内で我慢することは取り組んできたと話し、「ひと言で言えば、距離でしょうか」と敗因を語った。

レース後、検量室前に戻ったソダシの馬体は、ほとんど全身が薄いピンク色に染まっていた。桜花賞では外した腹帯と鞍の跡だけだった。陣営が、騎手が、そして誰よりソダシがいかに力を出し切ったのかを、その美しく紅潮した馬体は何よりもよく物語っていた。

ユーバーレーベンは序盤、そんな先行馬群を前に見て中団の後方寄りを追走した。「ちょっと失敗したかな、後ろすぎるかな」と感じたというデムーロ騎手だが、向正面でスムーズに外に出すと、3コーナーから楽な手応えで進出を開始。無限のスタミナでのロングスパートを得意とした、父ゴールドシップを彷彿とさせる走りだった。

この春はチューリップ賞を疝痛で取り消し、フラワーカップも3着で賞金を加算できず桜花賞を断念した。フローラステークスもスローペースを追い込み切れず3着。しかしそんな歯車は、賞金順での出走がなんとか叶うなど、オークスを前に急速に嚙み合い始めていた。

ここ3走で合計30キロ減っていた馬体重も、この日は8キロ増。手塚貴久調教師は、馬の精神状態を重視して調教してきたことや、競馬場で飼い葉を食べなくなるので土曜日に輸送したところ、当日になってよく食べてくれて馬体重を戻せたことなどを会見で明かした。

「パドックで乗ったとき、良い状態だと思いました。直線を向いたらいつも通りジリジリ伸びてくれて。距離は問題ないと思って、信じていました」

そう振り返ったデムーロ騎手は故・岡田繁幸氏への思いを訊かれると「いつも良い馬に乗せてもらっていました。本当に勝てて嬉しいです」としんみり。手塚調教師も「良い報告ができて、よかったなと思います」と話した。
会見の中でデムーロ騎手は「人生、難しいですね。良いこと、悪いことといっぱいあって」と語った。久々のGI勝ちや友人の訃報、息子の誕生など自身についての発言だったが、期せずしてそれは、このオークスをはじめ、競馬という営みに携わる人々すべての胸に響く言葉にもなっていたのだった。

close-up

2021年

日本ダービー

シャフリヤール

父：ディープインパクト　母：ドバイマジェスティ（Essence of Dubai）

シャフリヤールは２０１８年４月13日、北海道安平《あびら》町のノーザンファームで生まれた。父はディープインパクト。最後から３番目の世代になる。

母はアメリカで走ったドバイマジェスティで、２０１０年11月、ケンタッキー州で行われたファシグティプトン社のノヴェンバーセールで購入した。ＧⅠは1勝。チャーチルダウンズのダート7ハロンでブリーダーズカップフィリー＆メアスプリントを勝っているが、なんとそれはセールの2日前のことだった。

価格は上場馬中6位タイの１１０万ドル。ノーザンファーム副代表の吉田俊介氏は、そのセールをこう振り返る。

「ＧⅠを勝ったのを見て、よりこの馬を買いたいという気持ちは強くなりました。値段が上がっても買おう、と」

種牡馬ディープインパクトはこの年、初年度産駒が2歳。まさにこれから、どんな牝馬と相性が良いのかなど具体的なことがわかっていくところだった。

「当然この馬も、ディープに付けることを想定して買いました。牧場には父にサンデーサイレンスを持つ牝馬が多かったですし、ディープをはじめサンデー直仔の種牡馬たちをサポートするためにどんな繁殖を海外から買うのかは、当時の重要なテーマでしたから」

アメリカのスピードタイプの牝馬で、父のエッセンスオブドバイはエーピーインディ系。ドバイマジェスティはディープインパクトの相手として、のちに明らかになる「正解」の一つだった。

「スピードのある血統をというのは、当時から意識はしていました。まあ、欧州のクラシックディスタンスを勝ったような牝馬よりは、アメリカのスプリントに寄った馬の方が買いやすいという現実的なものもあったんですが」

ディープインパクトとエーピーインディ系の配合といえばグランアレグリアがそうだ。ちなみに同馬の母タピッツフライ（父タピット）はこの2年後、同じセールで185万ドルで購入した。

「タピットの牝馬は、他にも2歳牝馬チャンピオンのスターダムバウンドやザズーなどたくさん買いました。ただ、特別その系統を集めたわけではなく、結果的にです。例えばストームキャットの牝馬は確かに狙って買いましたが、基本的にはその牝馬自体が良い馬かどうかの判断を大事にしていますから」

ところがドバイマジェスティは先述の通り、2日前にレースを走ったばかりで、痩せて見栄えのしない状態だった。そこで吉田氏は、多くの馬を見てきた経験から本来の馬体をイメージし、これならと購入を決めたのだという。

「このときに限らず、そういう作業は、もう自然にやっているところはあります。とはいえ、そのタイミングでしか買えない馬は馬体に目を瞑ることもありますし、そういうのも含めてセールは楽しいし好きですね。買えなくても、良い馬をたくさん見られますから」

初仔は小さく出る傾向があるため、日本で繁殖入りしたドバイマジェスティの1年目は馬格のあるキングカメハメハを配合。その翌年から6年続けてディープインパクトが種付けされた。最初のディープインパクト産駒ジュベルアリは牝馬で「立派な良い馬でしたが、クラブの募集前に怪我をして」という通り不出走。しかし2頭目のアルアインが、皐月賞と大阪杯を制した。

3頭目のダノンマジェスティはセレクトセールに上場、1歳馬で3番目に高い2億2000万円（税抜）で取引された。4頭目は流産。5頭目の牝馬ヒメノカリスは1勝。そして6頭目がシャフリヤールだった。アルアインが皐月賞を勝ってこの配合の成功を証明したのは、種付けの約1か月前のことだった。

ところが生まれてきたシャフリヤールは、アルアインやダノンマジェスティとはまったくタイプの違う馬だった。

「同じ血統なのにあまりに違うのが面白いですよね。アルアインは最初から筋肉量が豊富で骨格もがっしりしていましたが、シャフリヤールはサイズが小さめで骨格も頼りないところがありました。遅生まれだし仕方ないかなと思っていたんですが、よく考えたらアルアインはもっと遅い5月1日生まれなんです。ついそれを忘れるくらい、タイプがぜんぜん違っているんです」

しかしシャフリヤールは、ただ小さく華奢なだけの仔馬ではなかった。

「早くから動きが目立っていたというのは、関わったスタッフがみんな言ってますね。動きの良さと頭の良さは、いまだに誰もが印象に残っています」

とはいえ成長自体は遅く、体がしっかりするまでは調教のペースも他の馬のようには上げずに育成が進められた。

1歳9月にノーザンファーム空港の佐々木淳吏厩舎に移動した頃も、馬体重は400キロに満たず、飼い食いも細かったため、まずは体の成長を目指すためのメニューが組まれた。ようやく馬が変わってしっかりしてきたのは、2歳4月くらいのことだった。

7月10日、シャフリヤールは函館競馬場に入厩し、ゲート試験に合格。1週間後にすぐ牧場へ戻った。次に栗東に入厩するのは、9月半ばのことだ。

「藤原（英昭）先生と相談してのことです。早めにゲート試験だけを受けるのは、短期間でも環境を変えて刺激を与える目的もあるんです。輸送するだけでも刺激になりますし、こうすることで、同じ調教をしていても体の変化の仕方が違ってきたりもしますから」

10年ほど前までは、翌春のクラシックを目指すような馬は夏の終わりに入厩し、ゲート試験を受けてその流れでデビューを迎える形が主流ともいえた。

実際、馬主のサンデーレーシングはこれがダービー4勝目だが、10年前のオルフェーヴルと9年前のディープブリランテはどちらも入厩からゲート試験を受け、そのままデビューしている。

しかし6年前のドゥラメンテは、6月末に美浦でゲート試験に合格後、2週間で牧場に戻り、9月にあらためて入厩してデビューを迎えた。馬によるのは大前提だが、これもまた時代による方法論の進化と呼ぶべきものだろう。

2歳秋、9月16日に栗東の藤原厩舎に入厩したシャフリヤールは、コントレイルが三冠を達成した菊花賞の日の京都で、デビュー勝ちを果たした。

「勝ったあとノーザンファームしがらきで見たんですが、体はしぼんでいましたね。共同通信杯の前になっても、僕からするとこれで大丈夫かと心配になるくらい華奢で。でも共同通信杯は負けたけどいい競馬をしてくれましたし、毎日杯も強い勝ち方でした」

どんな馬にもあることなのだが、レース後、印象に残るほど体がしぼんでいたという話には、母のセール上場時のエピソードが自然と重なってくる。

エフフォーリアの3着となった共同通信杯を挟んで出走した毎日杯は、JRAレコードタイムでの勝利となった。

「すごい時計だったので、ダービーを使うためにどうするかを藤原先生と話して、皐月賞は使わず直行で。特にどこか傷んでいたわけではないのですが、見えない疲労を考慮してのことです」

そして迎えたダービー。ゴールの瞬間は、負けたと思ったと吉田氏は言う。

「(同じサンデーレーシングの) グレートマジシャンの3着争いと、両方見ていたのもあるんでしょうけど。エフフォーリアが勝ったと思いました」

勝ちタイムの2分22秒5は、2年前のロジャーバローズの記録を0秒1上回るダービーレコードだった。

「でも、毎日杯もそうですが速い時計で走ったあとは怖い面もありますからね。管理する側としては、レコードは喜んでばかりもいられなくて、このあとどんなケアをしようとか、そういう方に頭が行ってしまうんです。まあ、うちの父 (吉田勝已氏) なんかは長く競馬を見ているのもあって、昔と比べて10秒くらい速い、とか感心して喜んでいますけど (笑)」

先述のように、サンデーレーシング所属馬のダービー制覇はオルフェーヴル、ディープブリランテ、ドゥラメンテに続く4頭目となる。2015年のドゥラメンテは、ダービーレコードでの勝利だった。あれから6年で、レコードは0秒7更新。もちろんタイムはさまざまな条件が重なった結果で一概には言えないが、それでも、それはまるでクラブや牧場の進化を目に見える形で示してくれるものにも映る。

「牧場は、この数年だけ見ても、本当にスタッフみんながしっかりしたと感じます。僕はもう空港牧場の場長との兼任もなくなって現場にいる時間は短くなりましたが、だからこそ、たまに馬を見に行ってみんなの話を聞いていると、ああ、頼もしいなあと思います。特に若い人の成長は嬉しいですね」

シャフリヤールもまた、まだまだ成長途上で、変わっていく余地を残す。

「正直、これでダービーを勝っちゃうのか、という馬ですからね。まだまだ奥があると感じます。ただ、これからすごく体が大きくなるのかといえば、そういう変化はしないかなとも思います。体はしっかりしながら、武器の軽さや俊敏さは失わず、磨かれていく。そうなっていければいいですね」

それはまるで、どこかで聞いたことのある話だった。

「そうなんです、みんなが言うんですよね。この馬のそういうところ、ディープみたいだって」

2021年

秋華賞

アカイトリノムスメ

父：ディープインパクト　母：アパパネ（キングカメハメハ）

オークスは8着に敗れたが、夏に札幌記念で古馬を相手に勝利したソダシ。秋華賞はその札幌記念と同じ距離ということもあり、1番人気に支持される。紫苑ステークスのファインルージュ、ローズステークスのアンドヴァラナウトと前哨戦の勝ち馬が2、3番人気で、オークス2着から直行のアカイトリノムスメが4番人気。ユーバーレーベンはオークス後、屈腱周囲炎での休養を挟み、これもぶっつけでの出走、5番人気となっていた。

2番手を進んで直線を向いたソダシの純白の馬体が、逃げるエイシンヒテンを交わすどころか、逆に残り200メートルで力尽きて馬群に飲み込まれていったとき、多くの人の頭に浮かんだのはスタートの直前、待避所からゲート裏への移動を嫌がってなかなか動こうとしなかった彼女の姿だった。

白毛のヒロインに、いったい何が起こっているのか。混乱しながら見つめる者たちの視線の先で繰り広げられる、最後の急坂の激戦。ソダシと入れ替わるように外から伸びてきたのは、ソダシと同じ黄色と黒と青の勝負服で、黒鹿毛のアカイトリノムスメだった。

内から前に出たローズステークスの覇者アンドヴァラナウトを交わして先頭に立ったアカイトリノムスメは、外から鋭く追い込む紫苑ステークス勝ち馬ファインルージュを抑えてゴール。桜花賞4着、オークス2着と春はあと一歩だった牝馬三冠馬アパパネの娘が、最後の一冠で見事に「母娘制覇」を達成してみせた。

ソダシは10着でゴールしていた。

レース後、吉田隼人騎手は「期待に応えられず申し訳ないです」と単勝1・9倍のアイドルの大敗を振り返った。

「レース前からポケット（の待避所）を出たがらなかったり、ゲートに入りたがらなかったり、競馬を嫌がる素振りを見せていました。普段から注目されて、写真とか撮られて、そういうプレッシャーがあったのかもしれないです。それでも毎回ちゃんと走ってくれていたんですが、今回はいつものソダシとは違っていました」

吉田騎手はそう話し、最後に「わからないです」と結んだ。

検量室前から厩舎へ戻ったソダシが口内から出血していたとの報が入ったのは、それから数十分後のことだった。須貝尚介調教師によれば、恐らくゲート内でぶつけたことで歯が折れており、「その影響もあったのでは」とのことだった。2日後、ソダシには、ぐらつく下の前歯を抜く処置が施された。

ただでさえその容姿で注目を浴びるソダシは、この秋華賞ではまさに絶対的な中心としてレースを迎えていた。

でもそれも当然だった。最大のライバルといえたサトノレイナスは不在で、オークス馬ユーバーレーベンも怪我明け。一方、自身は札幌記念で牡馬を含む古馬を相手に勝利と、周囲からは一段上のレベルで実績を残していた。何より、そこで秋華賞と同じ2000メートルの距離をクリアできたことは大きかった。もはや死角は見当たらない。多くの者がそう考えていた。

それでも吉田騎手が心配したように、もともと繊細な面を持つ馬が常に騒がれ続けたことによる精神面への影響、ゲート内での怪我など、思わぬ敵が幾重にも襲いかかってきた。

もちろん、伏兵とされていたライバルたちの走りも称えなければならない。

中でもエイシンヒテンの果敢な逃げは、ソダシの「敗因」の一つとして挙げるのに十分な素晴らしいものだった。

ソダシのすぐ隣の5番枠から好スタートを決めると、迷いなく先頭に立ってレースを先導。前半5ハロンは61秒2とそれほど速いペースではなかったが、そこから徐々に加速し、8ハロン目、4コーナーを回り切る直前で1ハロンごとのラップは最速を記録した。まさに肉を切らせて骨を断つ走りで、早めに差を詰めて自分からレースを動かしたいソダシに、簡単にはそれをさせなかった。

そんな中、アカイトリノムスメは道中は5、6番手と絶好の位置を折り合って追走。戸崎圭太騎手が「ソダシが前に行くと思っていたので、それを見ながら行ければと思っていました」と話すように、狙い通りの位置で虎視眈々とレースを進めた。

直線を向いてからも手応えは十分で、外から徐々に進出。

「あとは自分のタイミングでスパートしようと思っていました。前にいるソダシを見る形で反応良く伸びてくれて、強い競馬だったと思います」

戸崎騎手が振り返るように、素晴らしい瞬発力でソダシを抜き去り、エイシンヒテンを競り落として前に出たアンドヴァラナウトも交わしたアカイトリノムスメは、そのまま伸びやかな足取りでゴールを駆け抜けたのだった。

アカイトリノムスメは前哨戦を使わず、これがオークス以来の実戦だった。国枝栄調教師はその理由を「だいぶしっかりしたんですが迫力がもうちょっとで、紫苑ステークスを使ったらその次がどうかなと思う部分もあって」と説明した。

迫力が、という国枝調教師の言葉通り、約5か月ぶりながら馬体重はオークスからマイナス2キロと、数字上では春からの変化はなかった。しかし精神面では大きな成長があったという。

「体はそんなに変わっていなかったですが、気持ちがずいぶん穏やかになって、あまりよけいなことをしなくなりましたね」

戸崎騎手も同じく「1週前追い切りのときに、精神的に落ち着きが出たなという印象を受けました」と話す。

「ただ、レースに来てみるとまた違った感じでした。もともと元気がよくて体が利く馬ですし、返し馬でも暴れたりしないように気をつけました」

たぶん、そういった気持ちの「メリハリ」もまた、見えない成長の一つなのだといえた。見た目の大きさは変わっていないが、戸崎騎手は「体幹が強くなっていました」と動きの成長についても言及した。

傍目にも、パドックや返し馬での動きは春とはずいぶん違って映り、より全身を大きく使って動けるようになっているように感じられた。

いずれにせよ、そんな成長を糧に打ち負かした大本命馬が、よりによって同じ金子真人オーナーの所有馬だったというのは、この年の秋華賞を語るのに欠かすことのできないエピソードだ。

白毛と黒鹿毛。ボリューム豊かで筋肉質なソダシと、スリムで小柄なアカイトリノムスメ。パワフルな走りと、軽やかなフットワーク。明暗を分けた2頭は、さまざまな点で対照的だ。

また金子オーナーは、9着のミスフィガロも含めてこの秋華賞に所有馬を3頭出走させていた。そして特筆すべきは、その3頭とも父、母、母の父、母の母がすべて自身の所有馬ということだった。

アカイトリノムスメの母アパパネ、母の母ソルティビッドを管理していた国枝調教師は、「オーナーには非常にお世話になっているので、勝ててよかったです」と満面の笑顔で語った。戸崎騎手もまた、会見の中で「この血統の馬には僕もたくさん乗せていただきました。なかなか結果を出すことができなかったので、GⅠを勝てて嬉しいです」と話した。

アパパネの初仔で、アカイトリノムスメの4歳上の全兄にあたるモクレレは、やはり国枝厩舎で走り4勝。そのモクレレの23戦中、戸崎騎手は約半分の11回騎乗し、1勝を挙げていた。

血統というものは、オーナーをはじめとしたホースマンたちの思いを、時代を跨いで繋いでいく。牝馬のレースは、特にそういうことを感じさせてくれる。

この秋華賞の出走馬たちも、いつかまた世代を変えて、次の驚くべきドラマを見せてくれるはずだ。

2021年

チャンピオンズC

テーオーケインズ

父：シニスターミニスター　母：マキシムカフェ（マンハッタンカフェ）

帝王賞勝ちのテーオーケインズ。前年の覇者チュウワウィザード。この年、フェブラリーステークスを制しているカフェファラオ。本来ならこの実績馬3頭を軸に形成されるはずの構図に割って入ってきたのが、これが初ダートとなるソダシだった。2番人気に支持された白毛のアイドルが、どんな走りを見せるのか。ダート界の王座決定戦は、そんな意味でも注目の一戦となった。

国内のダートコースでは東京競馬場の次に長い410・7メートルの直線で、誰もが知りたかった問いへの答えが二つ、同時に導き出されようとしていた。

その一つが、馬群に沈んでいくソダシの姿だった。スタートから先頭を走ってきたが、直線を向くとすぐインティに並ばれる苦しい展開。100メートルほど抵抗し、やがて推進力を失った純白の馬体が内で馬群に飲み込まれていく。

秋華賞の敗戦から一転、初めてのダート戦へ挑むソダシの走りは、このレースにおける最大の焦点だった。

おばのユキチャン、いとこのハヤヤッコはダート重賞勝ち馬で、母のブチコもダートで4勝と、明らかにダート適性に溢れた母系。パワフルな走りをするソダシも早くから、きっとダートも向くはずだと言われてきた。

さらに父は、あのクロフネだった。芝のマイルGIを勝ち、ダート戦に転向した初戦の武蔵野ステークスを9馬身差の圧勝。その次走、チャンピオンズカップの前身であるジャパンカップダートも7馬身差で勝利した伝説の名馬。勝負服も同じ。重ねて見ないわけにはいかない。

その秘められたダート適性が、桜花賞をコースレコードで制したスピードと合わさったなら。もしかしたら、とてつもないことが起こるんじゃないか。多くのファンが、そんな期待を抱いた。

待避所からゲートへ近づくのを嫌がって動こうとしなかった秋華賞を踏まえ、ソダシの陣営は、今回は待避所に入らないという選択をした。返し馬から直接、ゲート裏へ移動し、他の馬がいない中、1頭で輪乗りをして待つ。

1枠1番で最初に枠入りしてからも、須貝尚介調教師自らが前扉の前でソダシに寄り添い、ギリギリまで馬を落ち着かせた。ダノンファラオがゲート内で立ち上がるアクシデントがあって長く待たされたが、そんな努力も奏効し、なんとか五分にスタート。すぐにスピードに乗り、逃げて自分のペースでレースを進めた。やれることは全部やった。しかし、ソダシは馬群に沈んだ。

レース後、吉田隼人騎手は「初めての力が要るダートでしたし、牡馬の古馬が相手で地力の差も出たかなと思います」と敗因についてコメントした。

実際、3歳牝馬同士ではボリュームと迫力のある馬体を誇るソダシが、この日は名実ともに可憐な乙女に映った。サンライズホープの554キロを筆頭に重量級が並ぶ中、ソダシの馬体重470キロはメンバー中、最少だった。

須貝調教師は、レース後も息遣いが乱れていなかったことから、気持ちの面の問題に言及。その上で「距離も含め、今後への参考になったレースでした」と敗戦を前向きに振り返った。

ソダシが馬群に沈んでいく瞬間、まるで入れ替わるように外からインティに並びかけ、抜き去っていったテーオーケインズの強さは、このレースにおけるもう一つの確かな答えだった。

2021年のダート戦線は、まさに主役不在の状況でシーズン終盤を迎えていた。GIを2勝したのはシーズン前半の川崎記念、かしわ記念を制した公営・船橋競馬所属のカジノフォンテンのみ。カフェファラオもチュウワウィザードも、ここにはいないオメガパフュームも、王者と呼べる成績で12月を迎えることはできなかった。

本来なら帝王賞を3馬身差で制したテーオーケインズがそんな存在になるはずだったが、秋初戦のＪＢＣクラシックで4着と敗れ、状況は混沌とした。

そのＪＢＣクラシックはスタートの出遅れからリズムに乗れないままレースが終わった。陣営は中間、入念なゲート練習を敢行。松山弘平騎手が「厩舎で練習してくれていたので、ゲートで少し待たされましたがしっかり我慢してくれました」と振り返ったように、この日は好スタートを決めた。

道中は5、6番手の好位を進み、インティの直後で直線を向いたテーオーケインズ。鋭い反応でインティを交わして先頭に立つと、2馬身、3馬身と差を広げていく。粘るインティにアナザートゥルースが迫り、後方からチュウワウィザードが伸びて交わすが、そのはるか前方でテーオーケインズはまだ加速を続ける。4馬身、5馬身。誰もが驚き、呆れるほどの強さだった。

結局、テーオーケインズはチュウワウィザードに6馬身、1秒もの差をつけてゴールした。舞台を中京に移してからは最大、前身のジャパンカップダート時代を含めても、クロフネの7馬身差以来となる記録的な圧勝だった。

管理する高柳大輔調教師は開業4年目でＪＲＡ・ＧⅠ初制覇となった。

圧勝に「僕もみなさんと同じくらい驚いています」と笑った高柳調教師は、テーオーケインズの成長をこう語った。

「体もですが、精神面がどんどん成長して、使うごとに調教もしやすくなってきました。まだ4歳なので、この先も成長すると思っています」

今年のGⅠ初制覇となった松山騎手は会見で「本当に強い馬」という言葉を何度も使い、「それを証明できたのがよかったです」と静かに話した。

今、本当に強いのはどの馬かという問いに答えを示したテーオーケインズ。出された答えを糧に、次のチャレンジへと進もうとしているソダシ。

次のレースでは何が問われ、どんな答えを見ることができるだろうか。

2022年

フェブラリーS

カフェファラオ

父：American Pharoah　母：Mary's Follies（More Than Ready）

前年の覇者カフェファラオは、その後は3走するも5着が最高と1年間いいところなし。逆に1年前は末脚届かず4着に敗れたレッドルゼルは、その後はドバイゴールデンシャヒーン2着、東京盃3着、ＪＢＣスプリント圧勝と活躍。ファンはこちらを1番人気に支持した。注目のソダシは4番人気。チャンピオンズカップは12着に沈みはしたが、果敢に逃げた走りには、かすかに復活の気配が漂っていた。

残り200メートルを過ぎて、抜け出したカフェファラオがテイエムサウスダンを引き離し始めると、東京競馬場のスタンドからは拍手が起こり始めた。

やっぱり強かったんだ。思わずそう呟きたくなるほど、前年の覇者カフェファラオの走りはここ1年のものとは違い、完璧で、圧倒的だった。

1年前のフェブラリーステークス制覇後は、かしわ記念5着、函館記念9着、チャンピオンズカップ11着と敗れ続けた。でも、得意な東京のダートマイルなら違うはず。そんな期待に応えるように、徐々に大きくなる拍手の中、カフェファラオは先頭でゴール。連覇は2014、15年のコパノリッキー以来、史上2頭目となる快挙だった。

拍手の多くはもう1頭、ソダシに向けて送られているものでもあった。

逃げるテイエムサウスダンの2番手で直線を向きながら、なかなか並びかけられず、逆に直後のカフェファラオに交わされ、突き放されたソダシ。しかし白毛のプリンセスはそこで諦めず、3番手で懸命に粘り続けていた。

前年秋は秋華賞10着、チャンピオンズカップ12着。それぞれ2番手と先頭で直線を向きながら、あっさり馬群に沈んだ。でも、立て直した今なら違うはず。2歳時や桜花賞、札幌記念で見せた胸を打つような最後の頑張りを取り戻してくれる。そんな期待に応え、ソダシはテイエムサウスダンから遅れること半馬身、ソリストサンダーの追撃をクビ差抑え、3着を守ってゴールした。

前年の覇者が達成した鮮やかな復活。

アイドルが泥に塗《まみ》れながら見せた、意地と根性の復活。

見る者に思わず手を叩かせたのは、そんな二つの「復活」だった。

22年フェブラリーステークスは、稀に見る混戦模様でレースを迎えていた。

単勝人気は、上位の数頭がほとんど差がなく固まっていた。前日の夜まで1番人気はソダシ。最終的には前走でJBCスプリントを勝っているレッドルゼルが3・9倍で1番人気となった。以下はカフェファラオ、マイルチャンピオンシップ南部杯2連覇のアルクトス、ソダシ、そして前走の根岸ステークスで重賞5勝目を飾ったテイエムサウスダン。6番人気の武蔵野ステークス勝ち馬ソリストサンダーでも9・0倍という、まさに団子状態となっていた。

前夜から朝方の雨により不良馬場で始まったダートは、午後のレースから重馬場に回復。しかし日中も陽は出ず、空は暗いまま。直前には再び小雨もパラつく中、ゲートは開かれた。

典型的な逃げ馬が不在で注目された展開は、まずサンライズホープが勢いよく先行。2番手にソダシが付けた。

レース後、須貝尚介調教師が「ゲートの前へ来るとまだソワソワするところがあって、そこは課題です」と話したように、ソダシは二度ほど立ち止まってやり直し、三度目でゲートイン。スタートもそれほど良くはなかったが、桜花賞をレコード勝ちしたスピードはダテではない。直後の芝部分で前に出ていき、2番手を追走した。

400メートルほど進んだところで外から上がってきたテイエムサウスダンが一気に先頭を奪い、3番手に下がったソダシだが、そこではぐっと我慢。3コーナーに入ると、今度は自分から動いてサンライズホープを交わし、テイエムサウスダンを追いながら4コーナーを回る。長く脚を使ってスピードの持続力勝負に持ち込む、得意の形だった。

そんなソダシの直後にぴたりと付けて、抜群の手応えで一緒に上がっていく馬がいた。カフェファラオだった。

福永祐一騎手はレース後、最も気をつけたのは馬の気分を損ねないよう乗ることだったと明かし、そのために特に注意したことを問われ「スタートです」と即答した。福永騎手とカフェファラオは、これが初コンビだった。

「調教で跨って、気ムラな面を持つ馬の仕草が見られたので、砂を被らないで競馬をしたいと思っていました。それにはスタートが鍵になりますから」

スタートはほぼ五分だったが、望む位置を取るには、五分でも足りない。

「1歩目は良くなかったですね。そこまで速いスタートではなかったですが、リカバリーがうまくいって、砂を被らない3番手という非常にいい位置で競馬ができました」

福永騎手が振り返るように、カフェファラオは無理をすることなく好位の外の確保に成功。ソダシをすぐ前に見ながら、自分のリズムで追走していく。

「あとはいつ集中力が切れるかわからなかったので、馬から気をそらさず、ゴールまで一定のハミのコンタクトを保つことだけを考えていました」

そして直線、満を持して仕掛けると、ソダシを交わし、内で粘るテイエムサウスダンも捉えて先頭に躍り出る。しかし福永騎手は、そうなってもまだ、ひたすらカフェファラオとのコンタクトだけに神経を集中させていた。

「他の馬は見ていなかったですね」

そんな福永騎手の右鞭に反応して、さらに伸びるカフェファラオ。2馬身半差のゴールはまさに圧勝。雨で湿ったダートで記録された勝ちタイムの1分33秒8はレースレコードで、コースレコードにも並ぶ優秀なものだった。

「今日みたいに速いタイムで走れる馬ですから、アメリカのダートも走れると思います」

福永騎手の言葉が、この勝利によって獲得したブリーダーズカップクラシックにおける優先出走権を意識してのものであることは間違いなかった*。

12月に香港で落馬した際、左鎖骨骨折の怪我を負った福永騎手は、この2週前に復帰したばかりだった。

「復帰して7勝目になりますが、いちばん冷静に乗っていました」

そう笑った福永騎手。前走までカフェファラオに乗っていたクリストフ・ルメール騎手が他の馬に乗るということで福永騎手に騎乗依頼が届いたのは、まだ復帰する前のことだったという。

意気に感じ「しっかりした状態で復帰しなければと、さらに強く思いました」という福永騎手は、騎乗が決まってからさまざまなことを行った。

過去の全レースを見直し、堀宣行調教師と調教からレースまでどんなことをテーマに進めていくかを話した。

調教では前向きだが、レースでは鈍さを見せる面があるというのは、ルメール騎手から直接、聞き出したという。

本馬場入場は馬番順ではなく、リクエストを出し最後の方にしてもらった。返し馬の際に後ろから多くの馬に来られることで、カフェファラオの気分が乱れることを避けるためだった。

堀調教師は会見で、今回は大きさの異なるチークピーシーズを3種類用意して臨んだと話した。

「当日の輸送と出張馬房での様子で二つに絞って、福永騎手と相談しました。装鞍所での様子で一つに決めて、あとは返し馬が終わって外すかどうかは福永騎手の判断に任せました」

最終的には真ん中の大きさの、前年と同じチークピーシーズを装着したカフェファラオは、福永騎手の細心の手綱捌きにより、見事に連覇を達成。

そんな緻密に最善を尽くす姿勢がもたらした、前年の覇者の復活と。

最後まで頑張る姿を取り戻した、白毛のアイドルホースの復活と。

そしてもう一つ、怪我から帰ってきた名手の復活と。

22年フェブラリーステークスは、そんな三つの「復活」によって彩られた、印象深いレースとなったのだった。

＊結局、前年に続き米国遠征は行われなかった。

◇ 2022年

皐月賞

ジオグリフ

父：ドレフォン　母：アロマティコ（キングカメハメハ）

武豊とのコンビで朝日杯フューチュリティステークスを制して2歳王者となったドウデュースは、弥生賞こそアスクビクターモアに届かなかったものの、この世代の中心として1番人気に推されていた。これに続いたのが2戦2勝の2頭、共同通信杯のダノンベルーガと、東京スポーツ杯2歳ステークスのイクイノックス。ホープフルステークス勝ちのキラーアビリティが4番人気で、朝日杯5着、共同通信杯2着から臨むジオグリフは5番人気となっていた。

有限会社サンデーレーシングの吉田俊介代表が、表彰式を終えた後に記者に囲まれて歩きながら、ジオグリフについて「ドレフォンの仔という先入観があったんですが」と話し始めた。

父が短距離馬という先入観から、2000メートルよりはマイルが向くと思い、2歳暮れに朝日杯フューチュリティステークスを使った。でもそれは間違いだった。マイルの忙しい流れに乗れなかったジオグリフは5着に敗れ、そしてこの日、2000メートルの皐月賞を制した。

「馬に悪いことをしたなという気持ちです」と吉田代表は言い、もう一度「先入観があったんですね」と繰り返した。

2022年皐月賞は、出走馬の実績のアベレージが高く、なおかつ「勝負付け」と呼べるものが見えるほどは対戦を繰り返していない、一言でいえば高レベルで難解な一戦となっていた。

ここまで、この世代の牡馬で重賞を2勝以上したのはマイル路線を進むセリフォスだけだった。皐月賞にはGI馬2頭を含む重賞勝ち馬が10頭、オープン勝ち馬が3頭出走。他にGIを含む重賞の2、3着馬も4頭いて、これで出走18頭中の17頭を占めていた。

展開も、一筋縄ではいかなかった。

優先出走権の設定されたトライアルでは、スプリングステークスと若葉ステークスをそれぞれビーアストニッシドとデシエルトが逃げ切り、弥生賞も2番手から抜け出したアスクビクターモアが押し切っていた。先出しで、盛大に嘶《いなな》きながら本馬場に入ったデシエルト。同じく先出しで、尻っ跳ねをして暴れながらなんとか入場したビーアストニッシド。それらの様子を見ずとも、どの馬が逃げるのかはさておき、少なくともハイペースになることは確かそうに思われた。

しかし、そんな「先入観」もまた、見事に裏切られてしまう。

ゲートが開くと、最も逃げる可能性が高いと思われていたデシエルトが、大きく躓いて体勢を崩したのだ。

逃げたのはアスクビクターモア。すんなり決まった隊列を乱す馬は意外なことに現れず、前半5ハロンは60秒2と、ペースは落ち着いたものとなった。

アスクビクターモアの田辺裕信騎手はレース後、デシエルトを見ながらになると想定していたけれど、違う展開になった。ただ田村康仁調教師とは、そういう状況になれば逃げてもいいという話はしていた、と明かした。

同じく、この展開と流れは想定外だったと語ったのがドウデュースの武豊騎手だった。「大事に運んだんですが、思ったほど流れませんでした」と振り返ったように、後方から2、3番手あたりをじっくり追走していく。

向正面を過ぎ、アスクビクターモアを先頭とした馬群は3コーナーへ。ここで動いたのが、先団の直後にいたダノンベルーガとジオグリフだった。

1番枠からずっと内を通ってきたダノンベルーガは、そのまま内から。

14番枠から好位の外を確保したジオグリフは、そのまま外から。

位置取りの数字的には同じだが、内と外に大きく分かれて進出していく。

レース後、ジオグリフの福永祐一騎手が「いつもこの時期の皐月賞は差し傾向で、例年ほどではなかったですが、やはり外が伸びる傾向はありました」と説明した馬場は、1番枠のダノンベルーガと川田将雅騎手にとっては、厄介な難題でしかなかった。

直線を向き、逃げるアスクビクターモアに内から並びかけるダノンベルーガ。川田騎手が

「この枠でできる最大限の走りをしてくれました」と愛馬を称えたように、残り200メートルでは、いったん先頭に立ちかける。しかしその時、外からはすでにイクイノックスとジオグリフが併せ馬のように伸びて、2頭をまとめて交わそうとしていた。

東京スポーツ杯2歳ステークスの圧勝から中147日、約5か月ぶりの実戦で臨んだイクイノックスの走りは、このレースにおける大きな興味の一つだった。

大外の18番枠からスタートしたイクイノックスは、4～5番手で直線を向くと、そこから伸びやかに加速。異例のローテーションがマイナスなどではなかったことを。そしてその器の大きさが本物だったことを、走りで示す。しかし、それを上回る力強さで迫ったのがジオグリフだった。

後続を引き離し、同じ木村哲也厩舎の2頭が競り合う。後方では大外を回ったドウデュースが猛然と追い込んでいるが、3着争いまでが精一杯だった。

残り100メートルで、福永騎手の鞭に反応したジオグリフが前に出た。ゴール板を通過した直後、福永騎手は右手で小さく、力強いガッツポーズを作った。

会見でそのガッツポーズについて訊かれた福永騎手は、伏兵的な立場だったが、自分がうまく誘導できれば勝てる馬だと思っていたこと、まさにそれができて「してやったり」という気持ちだったことを明かした。

実際、その騎乗は緻密な計画に基づく、どこまでも理知的なものだった。

枠順にも恵まれ、外が伸びる「トラックバイアス」を味方につけることができた。外に出すのは直線まで待つこともできたが、ジオグリフの長く脚を使えるという特性を考え、4コーナー手前からアクセルを吹かしてイクイノックスに併せていった。福永騎手は冷静な口調でそうしたことを説明した。

ジオグリフが「伏兵」的な5番人気にとどまったのは、ドレフォン産駒に2000メートルは長いという「先入観」以上に、ここ2戦、朝日杯フューチュリティステークスでドウデュースの5着、共同通信杯もダノンベルーガの2着と敗れ続けていることが大きいと思われた。

しかし、そのどちらも落ち着きや体調など、明確な敗因があったと木村調教師は言う。決して勝負付けが済んだわけではないことは、誰よりも管理する自身がいちばんよく知っていた。

レース前の共同会見では「ジオグリフの名誉を回復したい」と語った木村調教師。その意気込み通り、見事この皐月賞には文句のつけようのない状態で愛馬を送り込んだのだった。

ジオグリフとイクイノックスで1、2着を独占した木村調教師は、皐月賞では史上4例目、グレード制導入以降のJRA・GIでは9例目の、管理馬によるワンツーの快挙達成となった。

またジオグリフの父ドレフォンと同様、イクイノックスの父キタサンブラックもこれが初年度産駒で、この皐月賞は新種牡馬の産駒によるワンツー決着でもあった。

当たり前のことだが、まだ誰も見たことのない新種牡馬の産駒に触れる第一歩は、必ず「先入観」からとなる。

ジオグリフを調教し始めてすぐ、従順で操作性が高く、調教しやすいと感じた木村調教師は「短距離血統のイメージではなかったですね」と振り返る。

まさにその瞬間から、一走するごとに父の、そして自身のイメージを更新し続けてきたジオグリフ。

その戦いの次なる舞台は東京芝2400メートル、日本ダービーとなる。

2022年

ヴィクトリアM

ソダシ

父：クロフネ　**母**：ブチコ（キングカメハメハ）

クロノジェネシスもグランアレグリアも引退し、中心不在で迎えた春の古牝馬戦線。レイパパレは無傷の6連勝で大阪杯を制した1年前の春の勢いはなく、前年の桜花賞馬ソダシも秋華賞の大敗以降、ダートを走るなど試行錯誤中。デアリングタクトは、これが繋靭帯炎から丸1年ぶりの復帰戦だった。というわけで、人気はサウジアラビアでGⅢの1351ターフスプリントを勝ってきたソングラインや、東京新聞杯2着のファインルージュを含めた超混戦状態で、春の女王決定戦のゲートは開かれた。

パドックから地下馬道を通ってきた出走各馬が、音楽とともに本馬場へ入場していく。しかし、誘導馬に続いて現れるべき1番馬の姿がなかった。

2番ソングラインが入場する。5番ソダシも返し馬に移った。13番レイパパレはエキサイトし、飛び跳ねながらの入場となった。18頭の最後、前の馬から少し間隔を空けて、ようやく1番のデアリングタクトが登場した。繋靭帯炎で休養していた同馬は、これが約1年1か月ぶりの復帰戦だった。

内ラチ沿いまで曳かれていったデアリングタクトは、しばらく歩いたのちに手綱を離されると、1コーナー方向へゆったりと走り出した。場内実況が感情のこもったトーンで「待ってました。よくぞ復帰してくれました!」と馬名をアナウンスすると、東京競馬場にはなんともいえない温かな拍手が起こり、スタンド中に広がっていった。

ヴィクトリアマイルは、印象に残る復活の舞台となることが多いレースだ。

過去16回の優勝馬中、前走で勝利を収めていたのは第3回のエイジアンウインズのみ。ウオッカもアパパネも、アーモンドアイもグランアレグリアも、みんな何らかの痛手を負った状態でここへ臨み、そして力強く立ち上がった。

そんなドラマチックなヴィクトリアマイルは、今年も健在だった。

ゲートが開くと、好スタートを切ったレシステンシアとソダシが前に出た。高松宮記念で1番人気に推されながら、ハイペースで逃げて6着に沈んだレシステンシア。フェブラリーステークスで、勝利こそならなかったが2番手追走から3着に粘り、長いトンネルの出口が見えたソダシ。しかし、そんな2頭を外から交わして先頭を奪ったのは、18頭中、最低人気のローザノワールだった。

大きなアクションで手綱をしごく田中勝春騎手の姿からは、何がなんでも逃げるという強い意思が発散されていた。それに対し「1600メートルは少し距離が長い感じはしていた」というレシステンシアの横山武史騎手。「いつも前向きにハミを取ってくれる馬なので、あとはハイペースで突っ込まないように気をつけた」というソダシの吉田隼人騎手。両者は自然と控える形となる。

ここに加わったのが、1年前にデビュー6連勝で大阪杯を制しながら、以降は6連敗中のレイパパレだった。前走の大阪杯で2着などようやく復調し、この日は1番人気に推されていたが、スタートで大きく躓く不運。なんとか態勢を立て直し、ここまで押し上げた。

デアリングタクトも、好スタートから先団の5、6番手の内を確保。また昨秋のエリザベス女王杯を10番人気で制して驚かせたアカイイトは、得意の後方待機の形で構える。大金星の後は3連敗中だが、デビュー以来、初のマイル戦出走は、あの勝利がフロックではないことを証明する挑戦でもあった。

そんな、それぞれの「復活」を期すGI馬5頭が、逃げるローザノワールを追う形でレースは進んだ。

田中勝春騎手が「ペースを落としすぎないようにした」と話したように、離し気味に飛ばしたローザノワールは、さらに後続を突き放しながら4コーナーを回った。リードは優に3馬身。直線、最初に脱落したのはレイパパレだった。スタートで崩れたリズムを最後まで戻せないまま、残り400メートルで脚が止まる。

坂を登った残り300メートル過ぎ。レシステンシアの、続いて最内で頑張っていたデアリングタクトの脚色が一杯になった。アカイイトもジリジリとしか伸びない。ローザノワールがついに力尽きて下がり始める。そんな中、ただ1頭、力強く伸びたのがソダシだった。

レシステンシアを突き放し、ローザノワールを交わしたソダシのストライドが、そこからさらに大きくなった。雄大なフットワークでゴールを駆け抜けたとき、熾烈な2着争いを繰り広げる後続には、2馬身の差がついていた。

ソダシの先頭ゴールは前年の札幌記念以来、約9か月ぶりのことだった。GⅠ勝ちは桜花賞以来、約1年1か月ぶり。それは、まさに復活という言葉がぴったりの劇的な勝利だった。

レース後、須貝尚介調教師は「理想的なラップの展開になりましたね。前を見ながら、後ろも確認しながらスムーズに運べました」と、ローザノワールが作った流れを勝因の一つに挙げた。

フェブラリーステークス後は「自分からレースをやめてしまわないよう、精神的なものを優先して仕上げていきました」と話す須貝調教師。パドックでは、マジックキャッスルの国枝栄調教師から「目が違う。以前はもっと気持ちが高ぶってクリっとなっていたのが穏やかになっていて、これならいいねと言ってもらえました」と、先輩の言葉で愛馬の成長を確認したことを明かした。

成長は、吉田隼人騎手も感じていた。

「パドックで、あれだけお客さんがいる中でもどっしり構えていましたし、馬場に入ったときもいつもは飛び出してしまうところが、返し馬の1歩目をリラックスして入ることができました。逆にいつもの『らしさ』がないなと思ったほどでしたが、ゲートに入ったら、やっぱりピリッとしてくれました」

独走になった最後の1ハロンは「夢のような感じでした」という吉田隼人騎手。ゴール直後のガッツポーズが、常に注目され続ける白毛のソダシの手綱を任された者にしかわからない重圧の大きさを、よく表していた。

敗れはしたが6着に踏みとどまり、杉山晴紀調教師が「1年以上休んでいたわけですから、このメンバー相手に最後までよく頑張ってくれています」と労ったデアリングタクトの走りもまた、見る者の胸を打つものだった。

ソダシに拍手を送りつつ。他の馬にとっても、これが「復活」の契機になりますように。そう願いたくなるようなヴィクトリアマイルだった。

2022年 秋華賞

スタニングローズ

父：キングカメハメハ　母：ローザブランカ（クロフネ）

春の牝馬二冠馬スターズオンアースや、チューリップ賞勝ち馬でオークス3着のナミュールはオークスから直行。紫苑ステークスはオークス2着のスタニングローズが制し、ローズステークスも忘れな草賞の勝ち馬でオークス7着のアートハウスが優勝。特筆すべき上がり馬やトラ

イアルで急浮上した馬は見当たらず、最後の一冠は、春の実績馬たちがそのまま秋も戦う形で争われることとなった。

晴天に恵まれ、季節外れともいえる25度超えの暑さの中で行われることとなった2022年秋華賞。前年に続き阪神競馬場で開催されたラスト一冠は、デアリングタクト以来2年ぶり、史上7頭目の牝馬三冠に挑むスターズオンアースが1番人気でレースを迎えた。

オークス直後に行った両前脚の骨片除去手術は「念のため」のもので、競走能力やその後の調整過程への影響はない。「むしろいい休養になった」と高柳瑞樹調教師は話していた。

それでもなお1番人気ながら単勝オッズが断然とは呼べない3・0倍にとどまったのは、スターズオンアースへの不安というよりは、前哨戦で素晴らしい走りを見せたり、馬体の著しい成長が伝えられたりしていたライバルたちへの期待の大きさをよく表していた。

3・3倍の2番人気は、3着だったオークスから馬体重20キロ増で秋を迎えたナミュール。5・7倍の3番人気が紫苑ステークスを制してきたオークス2着馬スタニングローズで、6・7倍の4番人気がローズステークス勝ちのアートハウスと、両トライアルの勝ち馬がこれに続いた。

各馬がパドックから本馬場へ入場する直前、アクシデントがあった。1頭、先出しのサウンドビバーチェが、ラチにぶつかって放馬してしまったのだ。

同馬はオークスでもゲート裏での輪乗り中に放馬し、除外となった。発走時刻は15分遅れ、その間にイレ込む馬が出るなどレースへの影響も大きかった。しかし今回は他馬の入場前で、しかもすぐに捕まり、自身も馬体検査で異常なし。予定通りの時刻にファンファーレは鳴り、ゲートが開かれた。

レースはある意味、スタートが最も大きな勝負の分岐点となった。スターズオンアースが出遅れてしまったのだ。

後方から3番手、高柳調教師が「絶望的な位置」と振り返ったポジションで牝馬二冠馬が正面スタンド前を通過していく。対してアートハウスは3番手の外を確保。スタニングローズもその直後に付けて1コーナーを回っていく。ナミュールも中団やや後方の外で、いつでも動ける態勢での追走となった。

前半1000メートル通過は59秒7。速くはないが、緩むところもない、淡々としたペースでレースは進んだ。勝負所を過ぎ、アートハウスが早めに先頭に並びかけながら4コーナーを回っていく。ぴったりとこれに付いていくスタニングローズ。外を回るナミュールも、中団から勢いよく脚を伸ばし始める。

直線、2番手から先頭に立ったサウンドビバーチェに、アートハウスとスタニングローズが並びかけていく。

残り200メートル、坂に差し掛かったところでアートハウスの脚が鈍る。力強く前に出て、ぐいっと引き離すスタニングローズ。後続からは2頭、外を回ったナミュールと、いったいどこをどう通ってきたのか、馬群の中から鬼神のような脚で抜け出したスターズオンアースが並んでこれを追う。

しかし、その差はじりじりとしか詰まらなかった。最後はスタニングローズが2頭を半馬身後方に従えてゴール。2着争いはハナ差でナミュールが制し、高野友和厩舎のワンツー決着となった。

検量室前でナミュールを出迎え、続いて殊勲のスタニングローズを待つ高野調教師の側に、矢作芳人調教師が近づいていった。この秋華賞に管理馬の出走はなかったが、スタニングローズの坂井瑠星騎手は矢作厩舎の所属で、そして坂井騎手はこれがデビュー7年目で初のJRA・GI制覇なのだった。

矢作調教師が「ありがとう」と言うと、高野調教師は、オーストラリアへの武者修行やドバイ、サウジアラビア、香港、フランス、イギリスへの遠征など、矢作調教師が坂井騎手にさまざまな経験をさせたことがこの勝利に繋がったと思っていると伝え、「こちらこそありがとうございました」と言った。

会見で坂井騎手は、後方からにはなりたくなかったので位置を主張していったこと。うまくアートハウスの後ろを確保し、4コーナーでは外を回らないよう、直線を向いてからゴーサインを出したこと。反応は休み明けだった紫苑ステークス以上で、これで負けたら仕方ないと思えるほどだったことなどを、落ち着いた口調で理路整然と説明した。

そんな坂井騎手について、高野調教師は「頭が良い」と表現した。

「その頭の良さをちゃんと競馬に使っている。競馬オタクと言えるくらい研究熱心で、努力もしていて、技量も伴っている。騎手という職業にぴったりの人材だと思います」

JRA・GI初制覇は「周りからも、そろそろだなというふうには言われていました」と語った坂井騎手。検量室前で矢作調教師からどんな声をかけられたのかを訊かれると「『ウェル・ダン』、英語でおめでとうって言ってもらいました」と嬉しそうに話した。

直線、スタニングローズに迫ったのがもう1頭の管理馬ナミュールだったことについて、高野調教師は「最後の100メートルは何ともいえない複雑な感じでした」と正直な気持ちを吐露した。2頭はオーナーは異なるクラブ法人だが、生産牧場は同じノーザンファームで、放牧先の育成牧場も同じノーザンファームしがらきを使っていた。

「気持ちを二つに分けないといけない、不思議な感じでした。ただ厩舎としては牧場からのワンチームで、スタッフも両馬のジョッキーも目一杯仕事してくれた結果だと思うので、満足です」

敗れはしたが、ナミュールの春からの成長ぶりと、その走りは見事だった。

「4コーナーで少し外に流れたのが、すごく悔いが残ります。それがなければもっとスピードに乗って直線に入れましたから。厩舎としても何かできたんじゃないかという思いはあります」

そのナミュールと牝馬二冠馬スターズオンアースを、坂井騎手のエスコートのもと、完璧な競馬で抑えてみせたのがスタニングローズだった。

「もともと性格的にどっしりしていて、競馬でも大きな課題のない馬ですが、今日も堂々としたものでした。夏を越して見た目がすごく立派になって、男馬のように変貌を遂げて。それが能力とパワーに繋がっていると思います」

4代母の輸入繁殖牝馬ローザネイから続いてきたこの牝系からは、朝日杯フューチュリティステークスとジャパンカップを勝ったローズキングダムは出ているが、牝馬のGⅠ勝ちはこれが初めてだった。

特に牝馬三冠は、曾祖母ロゼカラーがオークス4着、秋華賞3着。祖母ローズバドがオークス2着、秋華賞2着。そして自身もオークスは2着。まさに「薔薇一族」の悲願達成の勝利だった。

かつてノーザンファーム空港で働いていた高野調教師は、ローザネイは自分が働き始めた頃に牧場を支えていた牝馬だったと感慨深げに語った。

「まさかその子孫を、私が調教師になって管理してGIを勝てる日が来るとは、思いもしなかったです」

馬主のサンデーレーシングの吉田俊介代表も、この一族での勝利について訊かれると、声がワントーン上がった。

「そうなんです。父（吉田勝己氏）は、ノーザンファームができた頃、いちばん最初に自分が買ってきた繁殖牝馬がバレークイーンとローザネイだったってずっと自慢し続けてます（笑）。そこから大事に紡いできた、牧場の歴史そのものの系統ですからね」

若きジョッキーの悲願と、古くから続く母系の悲願。対象的な二つの悲願が達成された秋華賞となった。

◆2022年

エリザベス女王杯

ジェラルディーナ

父：モーリス　母：ジェンティルドンナ（ディープインパクト）

ソダシはマイルチャンピオンシップへ向かい、ユーバーレーベンはジャパンカップへ。秋の女王決定戦は、怪我から帰ってきたデアリングタクトの復活勝利か、それとも秋華賞でワンツーフィニッシュを飾った高野友和厩舎の３歳馬２頭、スタニングローズとナミュールかという構図に。これに続くのがオールカマーで重賞初制覇を飾ったジェラルディーナや、札幌記念３着のウインマリリンとなった。

朝から降り始めた雨は、阪神の芝を良馬場から重馬場へと変えてから小降りになっていき、特別レースの頃にはほぼ収まっていた。

本馬場入場後、ターフビジョンには9月8日に96歳で崩御されたイギリスのエリザベス女王を追悼するＶＴＲが流され、その競馬への深い愛情と、計り知れない貢献が紹介された。いまや女王の名を冠したレースは世界中で行われている。女王が50歳の年に創設され、今年で47回目を迎えたこのエリザベス女王杯もその一つだ。ＶＴＲが終わるとスタンドからは静かな拍手が起こり、まだ厳《おごそ》かさの残る空気の中、ファンファーレが鳴った。

今年のエリザベス女王杯には2世代、4頭の「女王」が出走していた。

2年前の牝馬三冠馬デアリングタクト。前年のエリザベス女王杯の覇者アカイイト。1か月前に秋華賞で悲願の初タイトルを獲得したスタニングローズ。そしてこの年のアイルランドオークス馬で、11年ぶりの海外調教馬の参戦となったマジカルラグーン。しかし勝ったのは、そのどれでもなかった。

第47回エリザベス女王杯を制したのは、母に10年前の牝馬三冠馬ジェンティルドンナを持ち、これがGⅠ初制覇となる4歳のジェラルディーナだった。

出走各馬の多くが落ち着いてパドックを回る中、ほとんどただ1頭、うるさい様子を見せていたのが、そのジェラルディーナだった。終始、頭を大きく上下させ、チャカチャカと歩く。発汗も目立っていた。

しかしレース後、斉藤崇史調教師が「落ち着きもあっていい状態でした」と振り返ったように、もっと激しさを見せていた過去を思えば、これでも平常運転。特に装鞍所では、いつになく落ち着いていたとのことだった。

レースは大方の予想通り、ローザノワールの先導で進んだ。2番手にはマジカルラグーン。前に行きたいウインキートスやウインマイティーがその直後で、2番人気のスタニングローズも秋華賞と同様、好位を確保した。

１番人気のデアリングタクトはちょうど中団、内寄りの4番枠ということもあり、まさに馬群の中で他馬に囲まれていた。そのすぐ外に３番人気のナミュール。位置取りは概ね各馬のスタイル通りといえたが、末脚のスピードが削がれる重馬場への意識からか、馬群は固まったままレースは進む。そんな中、大外18番枠からスタートしたジェラルディーナは、後方で馬群の外を回りながらの追走となっていた。

そして、それが結果的には奏功した。

３コーナー、ペースが上がり、阪神内回り２２００メートルらしいロングスパート合戦が始まった。好位の外から前に迫るのはダミアン・レーン騎手のウインマリリン。そして中団やや後方の外からはクリスチャン・デムーロ騎手のジェラルディーナがスイスイと位置を上げていく。それを追うように、道中は後方2番手にいたミルコ・デムーロ騎手のライラックも上昇していった。

共通していたのは、これらはみんな雨でぬかるんで荒れたインコースではなく、外を通る馬だということだった。

直線、馬場の真ん中に持ち出したウインマリリンが、離れたインで粘るローザノワールを交わして先頭に立つ。しかしそのときには外からジェラルディーナが、すぐそこまで迫っていた。

残り２００メートルを切り、競り合いながら抜け出す2頭。ジェラルディーナが前に出て、少しずつ差を開く。さらに後方から猛然と追い込んできたライラックがウインマリリンを捉えて並んだとき、ジェラルディーナはその1馬身4分の3前方で、鞭を持った右手を力強く掲げたクリスチャン・デムーロ騎手とともにゴールを駆け抜けていた。

2着は同着。JRA・GIにおける2着同着は、史上初めてのことだった。

またこれにより、デムーロ兄弟は2013年桜花賞のアユサンとレッドオーヴァル以来、9年ぶり二度目のワンツーフィニッシュを達成した。当時と同様、今回も弟の勝利だった。

4着は最後方から追い込んだアカイイトで、5着はナミュールとなった。掲示板の5頭の馬番は18、13、15、14、11。二桁数字がズラリと並んだことは、雨がもたらしたこの日の馬場の傾向をある意味、端的に表していた。

デアリングタクトは最後に伸びを欠き6着に終わった。復活勝利はまたもならなかったが、松山弘平騎手は「枠的にも少し苦しく、外が有利な中でしたが、最後まで頑張ってくれました」とパートナーの走りを称えた。

短期免許で来日中のクリスチャン・デムーロ騎手は、ジェラルディーナへの騎乗はこれが初めてだった。レース後の会見で、重馬場への適性をどう感じたか訊かれた同騎手は、通訳が質問を訳す前に「馬場、好き。シー・ライクス」と日本語を交えて答えてみせ、記者たちを驚かせた。

「道中はすごくいい手応えで、最後も徐々にポジションを上げていって、すごくいい瞬発力で伸びてくれました」

レースをそう振り返ったクリスチャン・デムーロ騎手は、ジェラルディーナの優れていると思う点を「瞬発力と、すごく乗りやすいというのがいちばんのキーポイントです」と説明した。

この前走、ジェラルディーナは横山武史騎手が騎乗したオールカマーで重賞初制覇を飾った。そのときは良馬場で、2番枠から好位の内を進み、最内から抜け出しての勝利だった。

そして今回は重馬場で、18番枠から外を回っての差し切り。さまざまな状況が異なる中での連勝は、この戴冠がフロックではなく、本当の力を付けたからこそであることを意味していた。

ジェラルディーナは、母のジェンティルドンナも管理した石坂正調教師の定年引退に伴い、約1年半前の3歳3月に斉藤厩舎へと転厩してきた。

「これだけの血統ですし、いつか大きなところをと思っていたので、ようやく勝てたという思いです」

そう話す斉藤調教師は、気性面の難しさからポテンシャルを発揮できずにいたジェラルディーナのターニングポイントを、転厩初戦、3歳6月の城崎特別だと明かした。初騎乗の福永祐一騎手を鞍上に迎えたそのレースで、ジェラルディーナは右側の手綱が外れてコントロールが利かない状況になり、一気に先頭に立ってから大きく逸走し、9頭立ての8着でレースを終えた。

「あれを境に、福永さんがちゃんと教えていってくれたことで、折り合いもすごく良くなりました。それが今に全部繋がっていると思います」

春の阪神牝馬ステークス6着時には450キロだった馬体重も、以降は走るごとに増え続け、今回は470キロに達した。斉藤調教師も「一戦ごとに逞しくなっていますし、これから先はもっと楽しみです」とその成長を喜ぶ。

ついに開花した「女王」の血は、ここからどこまで高みへ上っていけるのか。楽しみに見守っていきたい。

おわりに

本書のタイトル『ＧＩ戦記』は、三賢社の林史郎さんが付けてくれた。

最初はとりあえずの仮タイトルだった。ところが、これでとりあえずの紙面デザインを進めていく中で、林さんも、それからブックデザインの西俊章さんも、これ、すごくしっくりくるよね、このまま書名にしていいんじゃない？　となったのだという。

もちろん、僕もそこからいろいろ考えてみた。でも結局、最後までこれに勝るタイトルを思いつくことはできなかった。

競馬という営みは、次から次へと行われる終わりなき戦いの連続そのものだ。毎年、数え切れないほどの競走馬がデビューし、勝ったり負けたりを繰り返して、そして去っていく。

それはまるで、後方から絶え間なく兵士が送り込まれながら何十年も続いている戦争のようだ。そして僕は、何か起きるたびに右往左往して現場へ駆けつける、どんくさい戦場ジャーナリストだ。広大な戦場の全体なんてとても俯瞰《ふかん》できないし、だから自分がどこにいるのかもよく把握できていない。現在進行形のこの戦争で、最終的に誰が勝ちそうなのかもさっぱりわからない。そんな僕が書いた戦いの記録という意味で、これはまさに「戦記」だ。

でも、そんなもの、はたして面白いんだろうか？

「はじめに」に記したように、本書は競馬月刊誌『優駿』で２００８年から２０２２年の15年間に書いたＧＩレースのレポート記事から、48本を選んで収めたものだ。

レースを見て、取材する。記事を書いて、直して、ようやく発売される。すぐまた翌月も同じことをする。その翌月も。それをひたすら繰り返す。

そうやって書いてきたものを一冊にまとめてはどうかと林さんから提案されたとき、最初は正直、ピンとこなかった。

ある馬が勝ったレースの記事を書く。そして何か月かして、その馬が次のレースに出る。そのとき最初のレースは、もう次のレースの前提条件のようなものでしかなくなっている。「結果」だと思って書いたものは、すでにただの「途中経過」になっている。そういう感覚が、どこかにあった。

雑誌ならそれでいい。ある意味、すべての号が「途中経過」だからだ。でもそれをそのまま単行本にしてしまっていいんだろうか？

例えば、僕の初めての著書となった『衝撃の彼方　ディープインパクト』（三賢社、２０２１年）も、本書と同様に『優駿』で連載した記事をまとめたものだった。でも決定的に違う点がある。その連載は、ディープインパクトが死んだあとに開始したものだったのだ。それは「途中経過」などではなく、すでに確定した過去についてあらためてじっくり取材し、書いたものだった。

でも今回は違う。何年も前の「途中経過」ばかりを集めたものは、どうしようもなく古臭い、不完全な、未来を知らずに書いていることによる、とんちんかんな思い込みや断定ばかりの、読んでいて不満のたまるものになってしまうんじゃないだろうか？　そう思った。

でも、それは違っていた。

林さんは、そうやって心配する僕に、こんな生々しい戦いの記録はない、これは読んでいてものすごく面白いものだと言ってくれた。

僕も自分で読み返してみてわかった。これらは、決して今からでは書けないものだった。逆立ちしようが何をしようが、絶対に書けない。それは新鮮な驚きで、そしてこの古いのに新しいものを読んでいるような不思議な感覚を、他の人にも味わってほしいという気持ちが強く湧いた。この全身全霊をかけて記した「途中経過」を、読んでもらいたい。純粋にそう思った。

『優駿』編集部には特に「ＧＩレース記事担当者」などというポジションがあるわけではなく、レースの記事は、その時々に応じて編集者が決まる。みんなで手分けして担当している。だからここで選んだ記事も、雑誌掲載時に担当してくれた編集者は本当にたくさんの人数に上る。10人か、20人か。30人はいないのかな。ちょっと見当がつかない。

でも、それぞれの記事を読み返していると、取材の移動や待ち合わせ時のどうでもいいトラブルや、レース結果を受けてどんな方向の記事にするか打ち合わせしたこと、校了時の修正に関するやり取りなどが頭の中に甦《よみがえ》ってくる。いろいろ悩んだり、相談したり、焦ったりした。みんな真剣だったし、僕も真剣だった。

その真剣さこそが、きっとこの本を面白くしてくれているに違いないと信じている。

２０２２年　12月

軍土門隼夫

＊本書は、『優駿』（中央競馬ピーアール・センター）の
２００８年７月号から２０２３年１月号にかけて掲載
された記事に加筆修正のうえ構成した。

軍土門隼夫　ぐんどもん・はやお
1968年生まれ、神奈川県出身。早稲田大学理工学部入学、第一文学部中退。『週刊ファミ通』編集部、『サラブレ』編集部を経てフリーとなる。現在、競馬ライターとして『優駿』『Number』などに寄稿。著書に『衝撃の彼方ディープインパクト』（三賢社）。

GI《ジーワン》戦記

2023年1月30日　第1刷発行

著者　軍土門隼夫
©2023 Hayao Gundomon
発行者　林 良二
発行所　株式会社 三賢社
〒113-0021　東京都文京区本駒込4-27-2
電話　03-3824-6422
FAX　03-3824-6410
URL　https://www.sankenbook.co.jp

印刷・製本　中央精版印刷株式会社

本書の無断複製・転載を禁じます。落丁・乱丁本はお取り替えいたします。定価はカバーに表示してあります。

Printed in Japan
ISBN978-4-908655-23-4 C0075

名馬を読む シリーズ

名馬と、その馬を支えた人びとの物語

名馬を読む

江面弘也 著

- クモハタ
- セントライト
- クリフジ
- トキツカゼ
- トサミドリ
- トキノミノル
- メイヂヒカリ
- ハクチカラ
- セイユウ
- コダマ
- シンザン
- スピードシンボリ
- タケシバオー
- グランドマーチス
- ハイセイコー
- トウショウボーイ
- テンポイント
- マルゼンスキー
- ミスターシービー
- シンボリルドルフ
- メジロラモーヌ
- オグリキャップ
- メジロマックイーン
- トウカイテイオー
- ナリタブライアン
- タイキシャトル
- エルコンドルパサー
- テイエムオペラオー
- ディープインパクト
- ウオッカ
- オルフェーヴル
- ジェンティルドンナ

四六判上製 304P ＋カラー 8P
定価（本体 1700 円＋税）
ISBN978-4-908655-07-4

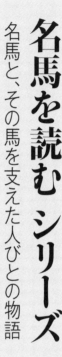

三賢社の本

名馬を読む 3

江面弘也 著

・ヒカルイマイ
・カブラヤオー
・ウイニングチケット
・ネオユニヴァース
・キングカメハメハ
・タマミ
・シスタートウショウ
・ヒシアマゾン
・メジロドーベル
・スティルインラブ
・ブエナビスタ
・カブトシロー
・ギャロップダイナ
・ダイユウサク
・ヒシミラクル
・ゴールドシップ
・メイズイ
・ニッポーテイオー
・サクラバクシンオー
・デュランダル
・ロードカナロア

――〈特別編〉――

・キタサンブラック
第一話　誕生
第二話　成長
第三話　戴冠
第四話　有終

四六判上製 292P ＋カラー 10P
定価（本体 1700 円＋税）
ISBN978-4-908655-19-7

名馬を読む 2

江面弘也 著

・トウメイ
・テンメイ
・タニノムーティエ
・タニノチカラ
・ハギノトップレディ
・ミホシンザン
・タマモクロス
・ビワハヤヒデ
・セイウンスカイ
・シンボリクリスエス
・アグネスタキオン
・タケホープ
・グリーングラス
・ホウヨウボーイ
・カツラノハイセイコ
・モンテプリンス
・イナリワン
・スーパークリーク
・スペシャルウィーク
・グラスワンダー
・ジャングルポケット
・クロフネ
・マンハッタンカフェ
・ダイナカール
・ダイナガリバー
・カツラギエース
・ニホンピロウイナー
・ミホノブルボン
・ホクトベガ
・ヴィクトワールピサ
・サクラスターオー
・メジロパーマー
・ライスシャワー
・レガシーワールド
・サイレンススズカ
・ステイゴールド
・メイショウサムソン

四六判上製 304P ＋カラー 10P
定価（本体 1700 円＋税）
ISBN978-4-908655-14-2

三賢社の本

衝撃の彼方
ディープインパクト

軍土門隼夫 著

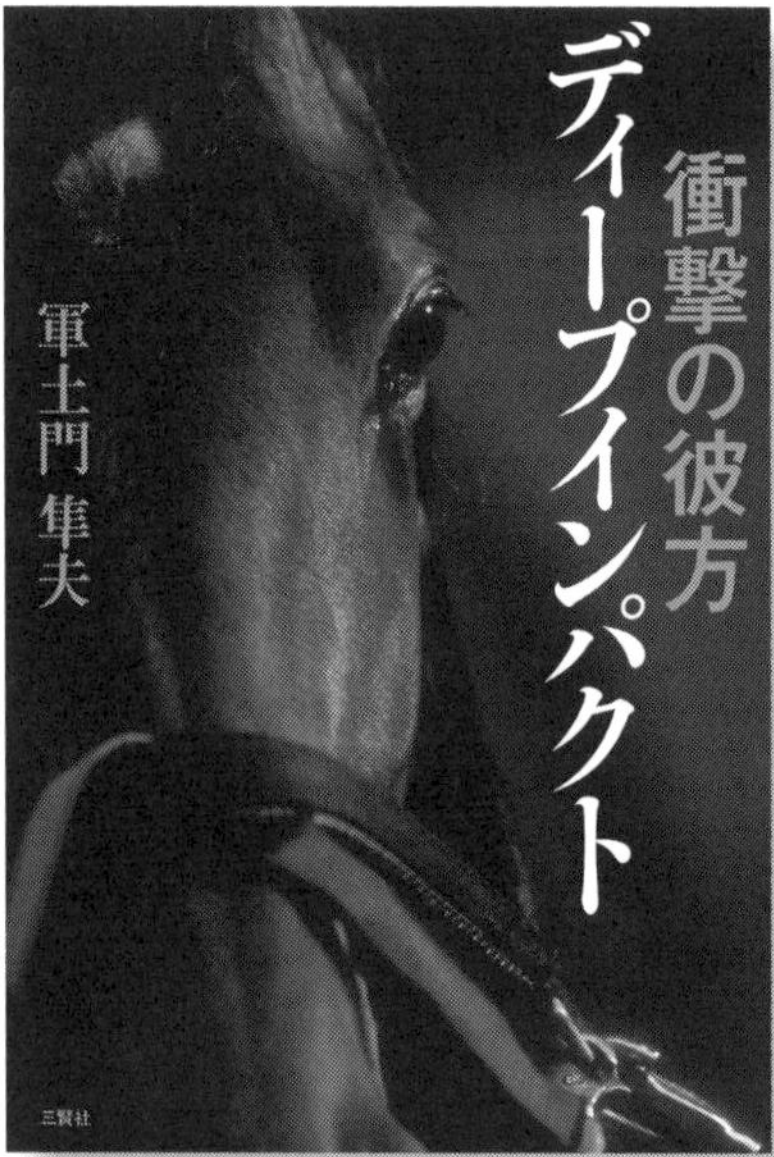

名馬の本当の姿が見えてくる。

母の華麗な出自、父との意外な共通点、関係者の苦悩、種牡馬としての特別な価値……。死してなお存在感を増す歴史的名馬の、知られざるエピソードを丹念に拾い上げて纏めた感動の物語。

四六判上製 216 P＋カラー 4P
定価(本体 1500 円＋税)
ISBN978-4-908655-18-0

三賢社の本

馬はなぜ走るのか

やさしいサラブレッド学　辻谷秋人 著

競馬を見る目が
大きく変わる。
馬ってすごい！

本当に馬は走るのが好きなのだろうか。サラブレッドの生態や肉体を、「走る」をキーワードに切り取った、スポーツ科学的ノンフィクション。

四六判並製 216P
定価（本体 1200 円＋税）
ISBN978-4-908655-02-9

そしてフジノオーは「世界」を飛んだ

辻谷秋人 著

無敵を誇った
天才ジャンパーの
海外挑戦秘話。

日本馬として初めてヨーロッパに遠征。重賞レースで２勝を挙げた１頭のサラブレッドと、その挑戦を支えた人びとの、心を打つストーリー。

四六判並製 224 P＋口絵 4P
定価（本体 1400 円＋税）
ISBN978-4-908655-21-0

三賢社の本

昭和の名騎手　江面弘也 著

天才、名人、闘将、鉄人、仕事人……。

加賀武見、増沢末夫、武邦彦、
郷原洋行、福永洋一、岡部幸雄、
田島良保ほか、昭和に輝いた
30人の名ジョッキー列伝。

競馬ポケット 1

新書判並製 264P
定価（本体 980 円＋税）
ISBN978-4-908655-16-6

第5コーナー　競馬トリビア集

有吉正徳 著

競馬の隠し味。

意外なジンクス、不滅の法則、
血統の魔力、心和むエピソード……。
記録やデータを深掘りしてまとめた、
53編の傑作ストーリー。

競馬ポケット 2

新書判並製 256P
定価（本体 980 円＋税）
ISBN978-4-908655-17-3